The Statistical Research of Economic Growth Paths with Carbon Emission Constraints in China

碳排放约束条件下中国经济增长路径统计研究

张尔俊　马立平 ◎ 著

首都经济贸易大学出版社
Capital University of Economics and Business Press
·北　京·

图书在版编目（CIP）数据

碳排放约束条件下中国经济增长路径统计研究/张尔俊，马立平著．—北京：首都经济贸易大学出版社，2016.8

ISBN 978－7－5638－2453－3

Ⅰ．①碳…　Ⅱ．①张…②马…　Ⅲ．①中国经济—经济增长—研究　Ⅳ．①F124

中国版本图书馆 CIP 数据核字（2015）第 306659 号

碳排放约束条件下中国经济增长路径统计研究

张尔俊　马立平　著

责任编辑　洪　敏

封面设计　砚祥志远·激光照排 TEL：010-65976003

出版发行　首都经济贸易大学出版社

地　　址　北京市朝阳区红庙（邮编 100026）

电　　话　（010）65976483　65065761　65071505（传真）

网　　址　http：//www. sjmcb. com

E－mail　publish@ cueb. edu. cn

经　　销　全国新华书店

照　　排　首都经济贸易大学出版社激光照排服务部

印　　刷　北京九州迅驰传媒文化有限公司

开　　本　710 毫米×1000 毫米　1/16

字　　数　145 千字

印　　张　8.25

版　　次　2016 年 8 月第 1 版　2016 年 8 月第 1 次印刷

书　　号　ISBN 978－7－5638－2453－3/F·1385

定　　价　24.00 元

前　言

经济增长问题是经济学中的永恒主题和持续热点，对于驱动经济增长根本动因的争论更是其中的焦点。西方主流增长理论经历了从“资本决定论”到“技术决定论”再到“制度决定论”的变迁过程。主流增长理论对大部分经济增长现象具有较强的解释力，但仍然存在一些缺陷：一是无法解释经济增长的发生和变速现象；二是经济增长的长期趋势和短期波动未能建立必要的联系；三是低估甚至忽略了政府作为领导者角色，在长期经济增长中的作用。

改革开放后，中国经济增长奇迹引起各国学者的广泛关注，在生产函数中，无论是资本积累、劳动力还是技术进步都不足以解释中国经济增长奇迹。将经济增长视为一种运动，变速增长则是运动状态的改变，运动状态改变意味着产生了外部力。各生产要素中，能够产生“力”的要素无疑是由“人”构成的劳动力。然而，主流增长理论中的劳动力最初局限为劳动力数量，卢卡斯的人力资源模型将劳动力质量纳入增长模型，但仍然忽视了“人”的主观能动性。换言之，主流增长理论对劳动力只考虑了其能不能干的问题，而忽视了在宏观层面上，劳动力愿不愿干以及愿意付出多大努力干的问题。

经济迅速增长带来的一个问题是中国碳排放总量快速攀升，跃居世界第一，而碳排放是引起全球气候变暖问题的主要原因。全球气候变暖问题是经济学中外部性效应的延伸，属于全球公共物品范畴，公共物品的非竞争性和非排他性特征使得“搭便车”行为成为可能，跨越国界的“搭便车”行为处理相较主权国家内部此类现象的处理更加困难。由于这一特殊性质及处理所涉及的范围广、难度大，全球气候变暖问题持续发酵。随着社会各界对气候变化问题的关注度不断提高，碳排放已逐渐成为制约经济增长的一个重要因素。

2009 年，中国政府在哥本哈根全球气候大会做出减排承诺：到 2020 年，中国单位国内生产总值碳排放相比 2005 年下降 40% ～45%。中国欲屹立于世界民族之林，增强国际影响力，就要一诺千金，在解决全球气候变暖问题上勇于承担应尽的责任，同时，节能减排也是利国利民、利于千秋万代的重大事业。根据经济学原理以及历史发展经验，能源是推动经济发展的重要因素之一，而在化石能源短期内无法完全被清洁能源替代的情形下，减少碳排放势必带来经济增速的减缓，一定程度上牺牲当代人的经济利益以满足可持续发展的需要。这涉及跨时资源分配的问题，根据拉姆齐模型可求得确定性条件下的最优经济增长及满足最优路径的跨时条件。

综合以上情况，我们不得不思索一系列问题：驱动中国经济持续高速增长的主要因素是什么？哪种因素起主要作用？中国经济增长的动因还能否持续以及持续多久？随着中国进入中等收入国家，经济增长能否支撑中国突破中等收入国家陷阱，实现人均国内生产总值的稳步提升？中国对全球气候变暖问题负有多大责任？中国高排放导致的环境问题对经济发展的制约作用有多大？中国是否需要牺牲部分经济增长以改善环境？如果需要的话，多大程度地牺牲经济增长较为合适，等等。

本书以 2009 年中国政府的减排承诺为约束条件，探索中国经济增长路径问题。为此，全面分析了中国经济增长奇迹，中国碳排放现状、碳排放与经济的关系、碳排放的影响因素等，并基于主流增长理论、气候变化经济学理论以及经济目标吸引力模型建立有约束的经济增长模型，在效用最大化过程中求解中国经济增长的最优路径，以及相关的投资研发路径、碳排放强度路径和碳排放总量路径等，并结合本书的主要结论以及中国的实际提出针对性建议。

本书的研究与编写倾注了作者大量的心血，同时得到了多方的支持与帮助，在此，对为本书出版做出贡献的所有成员表示衷心的感谢！同时，我们深知，碳排放与经济增长方面所涉及的问题和领域十分宽阔，我们的认识和研究尚不够深入，因此，本书还存在诸多不足和缺陷，期待广大专家学者批评指正！

目　　录

1　中国经济增长奇迹与问题并存 …… 1

1.1　中国经济增长奇迹 …… 1

1.2　伴随经济增长奇迹的碳排放问题 …… 2

1.3　经济增长与碳排放问题的热点话题 …… 7

1.3.1　经济增长理论与实证发展历程 …… 7

1.3.2　能源、环境、经济系统相依的若干热点 …… 11

1.3.3　气候变化经济学的主要争论 …… 13

2　增长理论回顾与增长模型改进 …… 16

2.1　主流经济增长理论——从新古典到内生增长 …… 17

2.1.1　索洛模型及主要假设 …… 17

2.1.2　索洛模型平衡增长路径分析 …… 19

2.1.3　内生增长理论 …… 21

2.1.4　罗默模型 …… 24

2.1.5　罗默模型求解 …… 26

2.2　经济目标吸引力模型 …… 28

2.2.1　引入经济目标吸引力的原因 …… 28

2.2.2　经济目标吸引力模型构建 …… 29

2.3　气候变化经济学理论 …… 31

2.3.1　RICE－2010 模型 …… 31

2.3.2　RICE 模型评述 …… 34

3　中国碳排放现状及与能源、经济的关系测度 …… 36

3.1　中国碳排放现状 …… 36

3.1.1　碳排放的时间累积效应 …… 37

3.1.2　碳排放的区域分布状况 …… 40

3.1.3　碳排放的行业分布状况 …… 44

3.2 环境库茨涅茨曲线存在性的实证研究 …… 47
3.2.1 非参数模型设计与实证分析 …… 48
3.2.2 参数回归模型设计与实证分析 …… 51
3.2.3 环境库茨涅茨曲线经济含义的阐释 …… 54
3.3 人均 GDP 与碳排放的非线性格兰杰因果检验 …… 55
3.3.1 因果关系概念辨析与格兰杰因果检验原理 …… 55
3.3.2 非线性格兰杰因果检验实证分析 …… 58
3.4 本章小结 …… 59

4 碳排放影响因素、模型构建及碳排放预测 …… 61
4.1 碳排放影响因素分解方法比较 …… 61
4.1.1 LMDI 因素分解模型 …… 62
4.1.2 碳排放 LMDI 方法分解实证 …… 65
4.2 碳排放影响因素 STIRPAT 拓展模型分析 …… 69
4.2.1 STIRPAT 模型述评及改进 …… 69
4.2.2 数据来源与处理 …… 71
4.2.3 拟合结果与讨论 …… 71
4.3 碳排放预测 …… 72
4.3.1 情景分析的主要假设 …… 72
4.3.2 预测结果与讨论 …… 76
4.4 本章小结 …… 78

5 减排约束条件下经济增长最优路径 …… 80
5.1 模型构建与求解 …… 80
5.1.1 模型构建 …… 81
5.1.2 模型求解 …… 84
5.2 数据来源与参数估计 …… 84
5.2.1 生产函数参数估计 …… 84
5.2.2 能源强度动态方程参数估计 …… 85
5.2.3 效用函数参数确定 …… 87
5.2.4 其他参数确定 …… 87
5.3 计算机仿真模拟结果 …… 89
5.3.1 研发投资路径 …… 91

5.3.2　经济增长路径 …… 93
5.3.3　碳排放强度路径 …… 98
5.3.4　碳排放总量路径 …… 99
5.4　本章小结 …… 100

6　结论与政策建议 …… 103
6.1　主要结论 …… 103
6.1.1　增长理论的再认识 …… 103
6.1.2　主要实证结论 …… 105
6.2　政策建议 …… 108
6.2.1　节能减排的政策建议 …… 109
6.2.2　经济增长的政策建议 …… 110

参考文献 …… 112

1　中国经济增长奇迹与问题并存

1.1　中国经济增长奇迹

改革开放以来，中国经济增长奇迹引起世界高度关注，奇迹特征主要体现在持续时间长、增长速度快。1978 年，中国国内生产总值为3 645.22 亿元，而 2012 年国内生产总值达到 519 322 亿元，34 年中名义国内生产总值年均增长率达到 15.7%，扣除物价变动因素，年均实际增长率也达到惊人的 9.6%，世界上任何一个国家都未实现如此长时期的高速增长。第二次世界大战后的日本是经济迅速崛起的国家之一，1956—1973 年维持了长达 17 年的平均 9.1% 的实际经济增长率，但 1974—1990 年平均经济增长率下降为 3.8%，1990 年以后下降为 1.3%①。曾以经济迅速发展而著称的“亚洲四小龙”之一的韩国，则是从 1962—1989 年保持了年均 8% 的增长率，其中，1982—1987 年经济增长率达到 9.2%，使韩国从世界穷国之一步入中等发达国家行列②。同为“亚洲四小龙”之一的新加坡，则在 1965 年后 35 年中保持着快速增长的趋势，期间新加坡经济平均增长率达到 8%，2000 年以后，新加坡经济开始趋缓，有些年份甚至出现负增长，直到 2010 年才重回 8% 以上的增长率③，到 2012 年，新加坡人均国内生产总值已经超过美国。

众所周知，对于庞大的经济体来说，实现经济的腾飞相比规模较小的经济体难度更大，为什么史上持续时间最长，平均增速最快的增长奇迹会在人口数量最多，人均资源相对匮乏的中国发生？其原因众说纷纭，邹至庄（Gregory C. Chow，1993）将其归因于技术进步[1]；伊拉里奥诺夫·安德烈（1999）将其归因于经济改革[2]；陈白术、冯毅（Chen，Feng，2000）将其归因于民营企业、教育与开放[3]；刘国恩（2004）将其归因于健康人力资本[4]；克鲁格（Anne Krueger，2005）将其归因于低经济初始

① 日本统计局网站（http：//www. stat. go. jp）。

② 经济学人网站（http：//www. economist. com）。

③ 新加坡统计局网站（http：//www. singstat. gov. sg）。

水平[5]；安德森（Jonathan Anderson，2006）将其归因于高储蓄率的资本积累[6]；周黎安（2007）归因于地方官员晋升锦标赛模式[7]，等等。无论是何种归因，其学术目的包括：①解释中国奇迹发生的机制问题；②分析中国经济增长的可持续性；③分析是否存在某些可控要素使得中国经济更好更快地发展；④预测中国经济发展的未来情景，等等。因此，中国增长奇迹有着不一般的研究价值。

然而，我们亦需清醒地认识到，尽管经历了一个世所罕见的经济增长过程，但中国仍然是发展中国家的事实没有发生根本性改变。图 1.1 显示了七个国家及全球 1950—2010 年人均国内生产总值情况。从图 1.1 可知，尽管目前中国国内生产总值总量排在世界前列，但由于人口基数大，中国人均国内生产总值与发达国家相比差距十分明显，2010 年仅赶上全球平均水平。而根据联合国 2012 年数据显示，中国人均国内生产总值在世界各国中的排名仍比较靠后，2012 年，中国人均国内生产总值为 9 233 美元，根据世界银行公布的关于 2012 年各国人均 GDP 排名，中国在世界各国及地区排名为 93 位，仅为排名第一的卢森堡（91 388 美元）的 1/10 稍多。

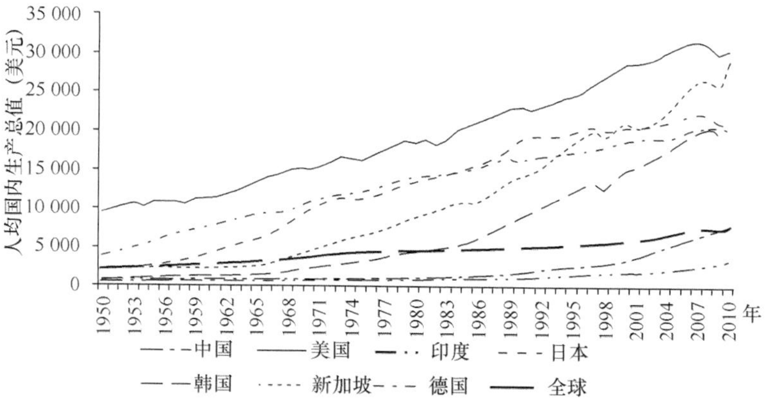

图 1.1 1950—2010 年七国与全球人均国内生产总值（美元）

数据来源：麦迪逊历史统计数据，按照 1990 年不变价计算。

http://www.rug.nl/research/ggdc/data/maddison - historical - statistics

1.2 伴随经济增长奇迹的碳排放问题

中国经济快速增长的同时，仍存在诸多问题，如制度改革相对滞后，粮食安全存在隐患，就业结构矛盾突出，贫富差距持续拉大，产业结构有待优化，经济、资源、环境协调度较低，市场秩序有待规范，信用体系亟须加强，等等。尽管上述问题都具有一定的研究价值，但限于题目和篇幅，本书仅对经济、资源、环境协调发展问题中能源消耗产生的二氧化碳排放从而导致全球气候变化的问题进行探讨。

过去的30多年，既是中国经济高速增长的黄金时期，也是资源高度消耗、环境严重污染的暗灰时期。由于中国始终未能走出粗放型发展模式，因此，过去的高速增长消耗了大量的能源，而化石能源（主要包括煤、石油和天然气）的大量消耗是造成环境污染问题的重要原因之一。1978年，中国能源消耗总量为57 144万吨标准煤，其中，96.6%为化石能源消费，而2012年能源消耗总量达到361 700万吨标准煤，能源消耗年均增长率为5.63%，化石能源消费占比仍高达90.8%。大量化石能源的消费导致了高排放，对环境造成了巨大的压力，同时也对经济的进一步发展起到制约的作用。1978年，中国碳排放量为1 462百万吨，到2010年，碳排放量达到8 241百万吨，成为世界上最大的碳排放国家，期间年均碳排放增长率为5.55%，与5.63%的能源消费年均增长率相比略低，这意味着30多年来，中国能源消费结构没有发生显著的改变。图1.2显示了1978—2012年中国能源消费结构演进过程，清洁能源的比重仍然很低。

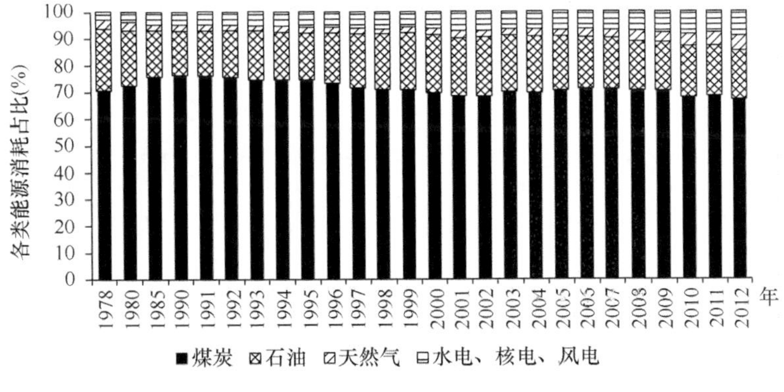

图1.2　1978—2012年中国能源消费结构演进过程

数据来源：国家统计局网站（http://data.stats.gov.cn/）

2006年，斯特恩报告（Stern Riview）的公布，使得社会各界对于碳排放导致的气候变化问题关注空前，学术界对于碳排放的研究更是热情高涨。作为当时的世界第二大碳排放国（仅次于美国，2010年超过美国）的中国，自然难免被各界口诛笔伐。加上近年来，中国环境问题日益突出，大范围的雾霾天气和极端性气候情况频频出现，转变经济增长方式、节能减排的呼声一浪高过一浪。

全球气候变暖成为不争的事实，并引起国际社会的普遍重视。自1988年联合国政府间气候变化专门委员会（Intergovernmental Panel on Climate Change，IPCC）成立以来，于1989年发布第一次气候变化评估报告，以后每隔6年发布一次气候变化评估报告。根据IPCC第四次气候评估报告的（2007年）结论：1906—2005年的100年中，全球地表温度变化线性趋势为0.74℃（0.56℃~0.92℃），超出第三次评估报告的0.6℃（图1.3显示了1959—2010年全球二氧化碳浓度与地球表面温度变化的关系）。全球温度（北半球高纬度地区尤为明显）普遍升高，导致热膨胀、冰川、冰帽和极地冰盖的融化，使得海平面逐年上升。自1961年以来，全球海平面上升的平均速率为每年1.8mm（1.3mm~2.3mm），而从1993年以来平均速率为每年3.1mm（2.4mm~3.8mm）。

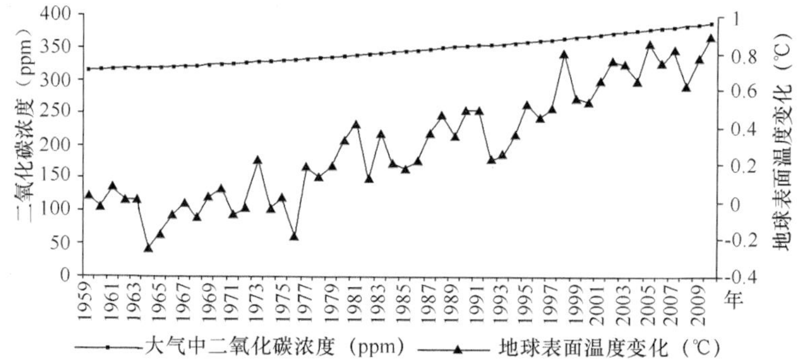

图1.3 1959—2010年大气中二氧化碳浓度与地表温度变化趋势

数据来源：美国国家海洋和大气管理局（NOAA），
美国戈达德空间科学研究所（GISS），美国国家航空航天局（NASA）。

气候变暖还会导致生态系统的破坏、物种迁徙与灭绝、极端天气事件发生频率增加，对农业发展产生较大的影响，直接威胁人类的生存与发展。由此可见，气候变暖所带来的问题是全方位、多层次的重大问题，而导致全球气候变暖的主要原因则是由于人类的工业化生产活动中化石能源消费导致的碳排放。

IPCC第五次气候评估首份报告（2013年）一改前四次报告专注于过去气候改变的事实，转而对未来进行评估，并较为乐观地认为，2008—

2009 年，大约 3 000 亿瓦新增发电能力中，大约 47% 来自于可再生能源，其中，发展中国家可再生能源能力占一半以上。目前为止，全球可再生能源可获得技术潜力利用率仅为 2.5%。预计到 2050 年，可再生能源可以满足全球 80% 的能源需求，可再生能源的突破性增长，预计在 2010—2050 年可累计减少温室气体（GHG）排放约 2 200 亿 ~ 5 600 亿吨二氧化碳当量，考虑到森林碳汇能力进一步有意识地加强，评估后的减排压力不如前四次评估报告所述那么大，更不至于像斯特恩（2006）强调的那么悲观。但是，报告也进一步强化了人为活动引起气候变化的科学结论，气候变化全球影响日益凸显，正成为当前全球面临的最严峻挑战之一。

中国经过改革开放以来 30 多年的发展，粗放型经济增长所带来的环境污染问题日益凸显，致使政府必须投入更多的精力和财力治理环境问题。近年来，国家财政中用于保护环境的支出呈现明显递增趋势。国家统计局数据显示：1999 年，中国环境污染治理投资额为 823.2 亿元，2012 年达到 8 253.46 亿元，14 年翻了约 10 倍（未扣除物价变动因素），年均增长率为 17.9%。2007 年，中国环境保护财政支出额为 995.82 亿元，2012 年，该项支出达到 2 640.98 亿元，年均增长率达到 27.61%，上述两项指标增速均超出同期国内生产总值的平均增速。

图 1.4 显示了 1999—2012 年中国环境污染治理投资额和 2007—2012 年中国环境保护财政支出变化趋势。2013 年 10 月，国家再次抛出 50 亿元以治理京津冀等六省的大气污染问题，尽管 50 亿元对于六个省市的污染治理来说，不是一个大的资金投入，但却是为大气污染治理发出的又一个信号，是政府对大气污染严重性重新审视后的一个有力行动。同时，我们

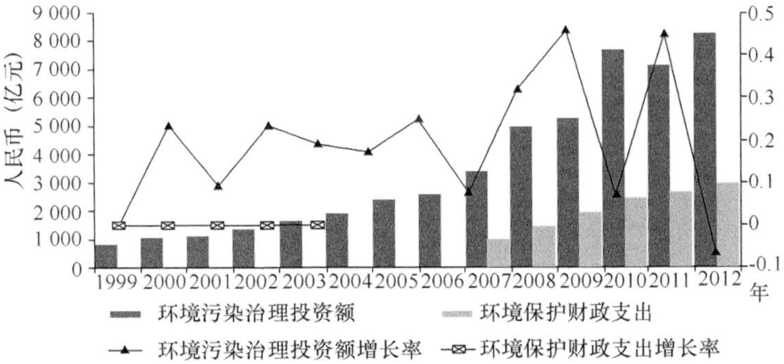

图 1.4 1999—2012 年中国环境污染治理投资额及环境保护财政支出情况

也得正视一点，作为全世界最大的碳排放国家，以煤炭为主的能源消费结构的转变不是一朝一夕可以实现的。因此，在未来的 8 ~ 10 个五年规划期内，中国碳排放形势仍比较严峻，王铮、朱永彬（2010）认为，中国 2030 年左右将达到碳排放的峰值[8]。

2011 年，国务院常务会议讨论通过的《“十二五”控制温室气体排放工作方案》提出了 2015 年单位国内生产总值二氧化碳排放比 2010 年下降 17% 的目标，要把积极应对气候变化作为经济社会发展的重要战略，作为加快转变经济发展方式、调整经济结构和推进新的产业革命的重大机遇。在此基础上，提出合理控制能源消费总量，加快调整产业结构，大力推进节能降耗，积极发展低碳能源，努力增加森林碳汇，加快建立温室气体排放统计核算体系，大力推动全社会低碳节能行动，加强经济适用低碳技术的研发和推广，有效控制温室气体排放，提高应对气候变化能力等系列措施。由此可见，中国政府高度重视节能减排、积极应对气候变化，以实现经济社会的可持续发展。

2013 年 11 月，国家发展与改革委员会发布《中国应对气候变化的政策与行动年度报告》，分析了中国应对气候变化面临的形势，指出要从管理机制和工作机制、战略研究与规划编制、气候变化立法和完善相关政策体系四个方面完善顶层设计和体制机制，并提出减缓气候变化的五种途径：调整产业结构、优化能源结构、节能与提高能效、增加森林碳汇和控制排放。同年，发改委先后制定了发电、电网、钢铁生产、化工生产、电解铝生产、镁冶炼、平板玻璃生产、水泥生产和民用航空等企业温室气体排放核算方法和报告指南，为推进中国温室气体统计核算体系建设奠定了基础。

目前，中国经济发展正处于一个重要的转型期，经济转型需要突破由于规模经济、学习效应、协调效应、适应性预期以及既得利益的约束，以走出经济对过去发展方式的路径依赖（Path - Dependence），避免进入粗放型经济增长模式的“锁定”状态。因而，经济转型的动力必须来源于如政府推动的体制改革等外力推动。事实上，党的十八届三中全会将全面深化改革的重点确定为经济体制改革，充分发挥市场在资源配置中的决定性作用和更好发挥政府作用，国家主席习近平先后多次强调“不以 GDP 论英雄”，都是要通过经济体制改革来打破以往对粗放型经济增长方式的路径依赖，也是经历了累积多年的重数量、轻质量的发展模式，以及 2009 年金融危机冲击后的醒悟而决定“改前非”。任何一个国家或经济体，在探索式前进的发展过程中，知“痛”而“改前非”是一个为时不晚的明智决定，“不痛无非”只是一种理想状态，现实中几乎不可能实现。因此，把握好后金融危机时代的战略机遇期，深化经济体制改革，推动粗放型经济增长模式向集约型经济增长模式转变，将迎来一个新的发展起点。

1.3　经济增长与碳排放问题的热点话题

1.3.1　经济增长理论与实证发展历程

无论把经济学定义为研究国家财富的学问，还是定义为研究资源配置的学问，经济增长问题始终是经济学中的永恒主题和热门话题。自 1776 年亚当·斯密的《国富论》开始，经济增长理论与实证的发展可以分为四个阶段：

1.3.1.1　古典增长理论（19 世纪 70 年代中至 20 世纪 40 年代中）

对古典增长理论有突出贡献的经济学家包括亚当·斯密、马尔萨斯、李嘉图、穆勒、马歇尔、熊彼特、杨、拉姆齐和凯恩斯等。亚当·斯密（Adam Smith）的《国富论》认为：①分工是经济增长的关键性因素，并指出增加生产性劳动数量和提高劳动效率是促进经济增长的两种途径，后者作用更为显著。②分工取决于市场容量，从而可以将国际贸易看作扩大市场、促进分工的有效途径，同时，由于分工深化易致垄断，但现实中竞争性产业结构广泛存在。这为后来的研究留下了一个两难困境。③技术进步导致规模报酬递增，资本积累促进分工和技术进步[9]。马尔萨斯（T. R. Malthus）的《人口学原理》在现代进化论基础上，强化了对“有限增长”条件下“生存挣扎”的观察[10]。李嘉图（David Ricardo）的《政治经济学及赋税原理》在劳动价值论基础上围绕收入分配分析经济增长，并认为增长将在收益递减规律作用下停止，从而增长是有限的，并认为征收资本税比征收收入税对增长影响更大[11]。穆勒（J. S. Mill）的《政治经济学原理》继承和发扬了边沁的功利主义哲学，系统呈现了斯密、李嘉图和马尔萨斯的发现，并将它们首尾一致地联系到一起[12]。马歇尔（Alfred Marshall）的《经济学原理》首次区分了外部经济与内部经济，并指出内部经济的差异将瓦解竞争均衡，使得外部经济的自然增长成为报酬递增的唯一源泉。这为解释斯密留下的两难困境有重要意义[13]。熊彼特（J. A. Schumpeter）对经济增长理论最重大的贡献是其创新理论，熊彼特更关注经济的供给方而非需求方，并强调企业家的创新是造成经济波动和经济增长的重要原因。他认为创新是将生产要素重新组合，因而，创新包括：采用新产品、采用新生产方法、开辟新市场、获得生产资料的新来源和企业的新组织形式五种情形。而创新的动力则来源于企业家精神，企业家精神包括：建立私人王国、对胜利的热情、创造的喜悦和坚强的意志四个方面[14]。杨（Allyn A Young）的《报酬递增与经济进步》在分工思想基础上提出迂回生产和社会收益递增，并认为最重要的分工形式是迂回程度的加强，即经济中出现新的中间产品，初始投入与最终产出的链条加长，迂回方法的经济比其他形式分工的经济更多地取决于市场规模，并认为应从整个经济范围内理解斯密的“分工取决于市场容量”的观点[15]。拉姆齐（F. P. Ramsey）的《储蓄的数学原理》建立了跨时资源分配的拉姆齐模型，在确定性条件下，分析了最优经济增长及满足最优路径的跨时条件，阐述了动态非货币均衡模型中的消费和资本积累原理[16]。凯恩斯（J. M. Keynes，1937）的《货币通论》提出边际消费倾向递减、资本边际效率递减、流动偏好规律三大基本理论，提出了静态均衡分析理论，并论证了国家直接干预经济的必要性。一般认为，从凯恩斯开始，宏观经济运行的系统研究才真正被开创了[17]。归之，古典增长理论是为后来的经济增长理论奠定思想基础的一个阶段，其中，以斯密、李嘉图和熊彼特的思想对后期经济理论发展影响更深，拉姆齐和凯恩斯为新古典增长理论中的哈罗德—多马模型提供了分析基础。

1.3.1.2 新古典增长理论（20世纪40年代末至20世纪80年代中）

新古典增长理论的典型代表是哈罗德—多马模型、索洛模型以及拉姆齐—卡斯—库普曼斯模型和戴蒙德模型。20世纪40年代中，美国经济学家多马（E. D. Domar）发表《资本扩张、增长率与就业》《资本积累问题》等文，英国经济学家哈罗德（R. F. Harrod）出版《动态经济学导论》一书，哈罗德、多马在各自的研究中，以凯恩斯的有效需求不足理论为基础，独立提出大体相同的动态均衡模型理论，建立了长期经济体系中的“刀刃平衡”[18]。索洛（R. M. Solow）在汲取哈罗德—多马模型的优点，放弃了生产中劳动—资本比固定的假设，建立没有固定生产比例假设的长期增长模型，并成功突破以往资本积累是经济增长决定性因素的结论的基础上，提出技术进步才是对经济增长贡献最大的因素。索洛模型刻画的是宏观经济总量之间的关系，但对消费者偏好未加考虑，因而不能说明经济增长与社会福利的关系[19,20]。卡斯（David Cass）和库普曼斯（T. C. Koopmans，1965）运用拉姆齐的具有无限期界的动态一般均衡分析方法，重建了新古典增长模型，并根据库恩—塔克定理，求竞争性均衡解[21]。库恩—塔克定理是判断优化方法寻得的最优点是否为约束的极值点的一个必要条件。大多数经济增长模型都可以视为该定理在增长理论中的具体应用。戴蒙德模型又称之为世代交叠模型（Overlapping Generation Model，OLG），最初由法国经济学家阿莱斯（Allais，1947）提出，萨缪尔森（Samuelson）在讨论利率的决定时提出了一个纯交换经济的OLG，以讨论货币在经济中的作用[22]。戴蒙德（Diamond）则建立了一个有生产部门的OLG，以讨论资本积累的黄金律及国债在经济中的作用[23]。OLG与拉姆齐—卡斯—库普曼斯模型的主要差异，是存在着人口的新老交替，而不是假定一个数量固定的永久性生存的家庭。

新古典增长理论具有重要的理论价值和现实意义：一是明确指出了储蓄率的上升只具有水平效应，而无增长效应，对资本产出比、劳动份额和资本份额的稳定性以及“经济趋同”都有一定解释力；二是强调了技术进步在经济增长中的核心作用，真正开始了对生产函数中“神秘”的A的研究，为后来的研究指明了方向；三是卡斯和库普曼斯首次将动态一般均衡分析方法引入增长理论中，为经济增长问题研究提供了一个有力的工具。

但是，新古典增长理论也具有明显的缺陷：一是将技术进步视为外生给定的，且将技术进步建立在哈罗德中性假设上，致使对增长率的国际差异的解释乏力；二是新古典增长理论认定经济会自发地运行在最优增长路径上，经济政策不会影响长期增长与现实不符且很难为政策制定提供理论指导；三是总资本概念存在逻辑上的循环论证，即测量资本要先假定利率，而反过来又要用含有资本的生产函数证明工资和利息率由技术条件和要素比率决定。

1.3.1.3　*以内生增长理论为主流的新增长理论（20世纪80年代中至今）*

罗默（Paul Romer）的《收益递增与长期增长》和卢卡斯（Robert Lucas）的《论经济发展机制》掀起了经济增长理论研究的新热潮，被视为内生增长理论的开始。内生增长理论的重要理论突破在于将技术内生化，从而经济的增长不需要依赖于外力推动，而仅依靠内生的技术进步就能实现经济的可持续增长。总体来说，内生增长理论的发展又可以分为两个阶段：第一阶段是建立在完全竞争的市场假设基础上考虑经济的长期增长。第一阶段的具体模型包括两类，第一，用技术外部性解释经济增长，如罗默模型（2012，1986，1994）[24-26]、卢卡斯模型（1988）[27]和巴罗模型（1996）[28]等；第二，用持续的资本积累解释经济增长，如琼斯—真野模型（1990）[29]、雷贝洛模型（1991）[30]等。然而，完全竞争假设既限制了模型的解释力和适用性，也不符合技术商品的非竞争性和部分排他性的特性，这就促生了内生增长理论进入新发展，即第二阶段：完全竞争假设条件的松化，研究垄断竞争前提下的内生增长理论。这一阶段的模型根据对技术进步的不同理解可分为三类：第一，产品种类增加型，如罗默模型（1990）[31]、格鲁斯曼—赫尔普曼模型（Grossman，Helpman，1991）[32]；第二，产品质量升级型，如格鲁斯曼—赫尔普曼模型，阿尔文·杨模型（Alwyn Young，1998）[33]、阿格亨—豪伊特模型（Aghion，Howiit，1990）[34]；第三，专业化加深型，如贝克尔—墨菲模型（G. S. Becker，K. M. Murphy，2000）[35]。内生增长理论将技术的跨时扩散效应引入增长理论中，确立了经济增长微观基础的同时带来了规模效应，但时间序列的经验检验否定了规模效应的存在，第二阶段的发展中，部分学者考虑了规模效应消除，如杨（Young，1998）、希格斯特姆（P. S. Segerstrom，1998）[36]、萨克拉迪斯（Zachariadis，2003）[37]等。近年来，将不可再生资源加入内生增长模型进行研究[38]，探讨商业周期与经济增长的关系[39]、收入分配与经济增长的关系[40]的文献也有不少。此外，随着诺斯（D. C. North）提出的制度对经济增长的作用被广泛认可，将制度因素纳入增长模型的呼声越来越高。由此可见，内生增长理论仍未能形成一致，而是呈现多元化的发展趋势，更像是一些持相同或类似观点的诸多增长模型组成的松散集合体。

1.3.1.4 经济增长理论的实证分析阶段（20 世纪末至 21 世纪初）

随着内生增长理论发展的多元化与数学化发展，经济增长理论研究似乎遭遇了新的“瓶颈”，数学推理的“完美”在经济增长实证（尤其是发展中国家的实证）分析面前瑕疵尽显，多元化发展趋势形成了略显杂乱的纷繁局面。信息时代的到来，数据积累量逐渐丰富，数据处理和分析的技术手段不断进步，为经济增长的更多实证分析提供了可能。这一阶段的实证分析可以分为两类：

一类是更广泛的经济增长影响因素分析。总结近 20 年文献提到的影响经济增长的因素包括：第一，传统因素的细化。如对资本的细化有储蓄率、资本报酬、无形资本、设备投资和外汇资本等；对技术进步的细化有技术创新、制度创新、干中学和知识外溢；对劳动力的细化有人口年龄结构、劳动力市场、健康和移民；对人力资本的细化有受教育年限、教育质量和毕业生数量等。第二，政治因素。如政治制度、政治稳定性、民主、税收、腐败、政府支出和公债等。第三，社会因素。如收入分配不平等、信任、宗教、社会冲突、社会心理和市场等。第四，资源与环境因素。如自然资源、气候变化和自然灾害等。第五，其他因素。如制度变迁、产业结构、国际贸易、城市多样性、企业家精神、广告、工资、宽带设施和数据开放性等。

另一类是关于各类增长理论在各国的实证验证。总体来说，内生增长理论对发达国家经济增长的解释力较强，但是对广大发展中国家的解释力则相对较弱。

总之，增长理论发展至今，仍然未能出现一个模型可以胜任对各种经济体增长的解释能力，随着虚拟经济的迅速发展以及在国内生产总值中的比重越来越大，以工业生产为前提的经济增长模型对经济增长的解释更加显得力不从心。

1.3.2 能源、环境、经济系统相依的若干热点

资源经济学将人类生产过程中的一切具有“存量”形态投入的消耗过程，以及该过程中所伴随的制度演变均视为研究对象，其研究始于伊莱和莫豪斯（R. T. Ely，E. W. Morhous，1924），期间经历了漫长的发展过程。能源（可再生能源除外）作为一种自然资源，无疑是资源经济学研究的重要对象之一。能源的消费会造成环境的污染，使得以成本—收益分析为基础的环境经济学逐渐发展成形。新古典经济增长理论既未考虑自然资源对经济增长的限制，更未考虑环境污染可能带来的影响。内生增长理论虽然涉及自然资源与环境污染对经济增长的影响，但认为这种影响不大，即相信技术的进步可以找到耗竭性资源的替代物。

资源（包括能源）与环境的一个热点话题，是关于“资源诅咒”（Resource curse）的讨论，“资源诅咒”一词最早由奥蒂（R. M. Auty，1993）提出，用来描述丰富的自然资源不能促进、而会抑制经济长期增长的现象。直觉上，丰富的自然资源理应是促进经济增长的，1970—2010年，挪威的人均国内生产总值从 10 027 美元（为美国的 2/3）提高到 27 987 美元（达到美国的 92%），被认为是得益于丰富的石油储量的发现与开发[41]。随着萨科斯和华纳（J. D. Sachs，A. M. Warner，1995，1997，2001）连续发表三篇论文，论及“资源诅咒”的假说，并用 95 个发展中国家作为样本数据，验证了自然资源禀赋与经济增长显著的负相关关系[42-44]，从而掀起了对该假说的实证热潮。中国学者徐康宁、韩剑

（2005）和邵帅、齐中英（2008，2009）也利用省域面板数据对该假说进行了实证分析[45－47]。而方颖等（2011）则认为，以人均概念衡量自然资源丰裕程度时，自然资源的丰裕程度与经济增长无显著的负相关关系，“资源诅咒”假说在中国城市层面上不成立[48]。对“资源诅咒”的一种合理解释是自然资源丰富的国家容易“挥霍”其财富，长此以往，则导致自然资源对其他投入要素产生挤出效应，如导致忽视技术进步、人力资本积累，从而最终影响经济长期增长。

关于环境与经济的一个热点话题是环境库兹涅茨曲线（EKC）假说。库兹涅茨曲线由库兹涅茨（Simon Kuznets，1955）提出，最早用于研究人均收入水平与收入分配公平程度的关系，其研究表明，收入不均现象随经济增长先升后降，呈现倒“U”型曲线关系[49]。环境库兹涅茨曲线则是由格鲁斯曼和克鲁格（G. M. Grossman，A. B. Krueger，1991，1995）提出的，他们通过对42个国家的横截面数据分析，发现部分环境污染物（如颗粒物、SO_2等）排放总量与长期经济增长也呈现出倒“U”型关系[50,51]。随之，关于该假说（尤其是应用于碳排放）的实证研究不断涌现（M. A. Cole et. al，1997；J. A. List，C. A. Gallet，1999；W. Harbaugh et. al，2002；D. I. Stern，2003；E. D. Graaf et. al，2005）。中国学者对环境库兹涅茨曲线的实证研究包括：吴玉萍等（2002）对北京市的环境库兹涅茨曲线存在性进行研究，表明北京市环境库兹涅茨曲线存在[52]；赵细康等（2005）认为，中国正处于环境库兹涅茨曲线的上升阶段，离转折点尚有一段距离[53]；包群等（2005）认为，环境污染与收入变化的关系具有不确定性，环境库兹涅茨曲线估计结果取决于指标选取、样本数据的选择以及估计方法[54]；杜婷婷等（2007）认为，三次曲线方程较之标准的环境库兹涅茨曲线更能反映中国经济发展与碳排放的函数关系[55]；许广月（2010）基于省域面板数据分析，得出的结论是中国东部地区和中部地区碳排放与经济存在环境库兹涅茨曲线，而西部地区则不存在[56]；朱平辉等（2010）建立空间面板模型得出的结论是人均废水排放量与人均国内生产总值的关系为单拐点倒“N”型，人均工业废气与人均国内生产总值为双拐点倒“N”型，其他污染排放与人均国内生产总值存在环境库兹涅茨曲线关系[57]；苏为华等（2011）认为，中国环境污染与经济增长的关系具有多样性，并提出收入差距过大会导致环境库兹涅茨曲线拐点右移的假说[58]。对环境库兹涅茨曲线存在性的三个合理的解释是：①经济的规模效应与结构效应；②环境服务需求与收入的关系；③政府对环境污染的政策与规制。

魏一鸣等（2005）将能源—经济—环境视为一个复杂系统，并系统分析了国外权威机构开发的与能源相关的典型模型[59]。确如其言，能源—经济—环境的关系错综复杂，因而，孤立地分析其中任何二者的关系都会显得捉襟见肘。此外，魏一鸣等（2002）提出了三层次模型体系结构，并建立了基于目标规划的人口、资源、环境和经济系统的多目标集成模型，为开展预测与规划的可持续发展的定量研究提供了技术基础[60]。陈文颖等（2004）建立了能源—环境—经济耦合的非线性动态规划模型——Markal - Macro 模型，并对中国未来能源发展与碳排放的基准方案以及减排对中国能源系统、未来的国内生产总值可能造成的影响进行了研究[61]。刘兰翠（2006）利用可拓展的随机性的环境影响模型（STIRPAD）、消费者生活模型（CLA）、适应性加权方法（AWD）、对数平均迪氏指数法（LMDI）、能源—环境—经济耦合的非线性动态规划模型等，定量研究了中国减缓碳排放增长速度的潜力所在，以及不同减排政策对中国经济社会的潜在影响[62]。张跃军（2007）利用广义误差分布的自回归条件异方差模型（Ged - Garch）对中国原油价格波动特征进行了研究，并发现基于广义误差分布的 Garch 模型比基于高斯分布（Gauss）的 Garch 模型更适合中国原油价格特征描述及预测[63]。张阿玲等（2007）构造了对能源—经济—环境系统进行评价的宏观与微观相结合的混合式“3E”模型[64]。曲建升等（2008）对国际温室气体排放的数据集进行分析，并定量比较了这些数据集的可用性与差异[65]。赵芳（2008）分析了中国能源—经济—环境系统非协调发展的原因，认为环境、资源的公共性与不明晰的产权安排，环境、资源利用中广泛存在外部不经济，环境、资源不完善的市场与价格机制，实现经济外部均衡的资源要素投入效益难以均衡，以及认为行为假设与不完善的制度安排是 3E 系统非协调发展现象的根源所在[66]。

1.3.3 气候变化经济学的主要争论

气候变化经济学是指关于气候变化及其治理手段的经济影响的研究，其渊源是可持续发展理论。气候变化经济学最早见于诺德豪斯（W. D. Nordhaus，1982）[67]，系统性的论述则始于诺德豪斯（1991，1992），诺德豪斯建立了气候变化经济学的分析框架，即经济系统运转产生 CO_2，CO_2浓度变化改变生态系统，生态系统的变化又影响经济系统运转的循环流框架[68,69]。20 世纪 90 年代以后，导致气候变暖的原因为人类经济活动中温室气体的排放所致被广泛认可，使得气候变化经济学得以迅速发展。

全球气候变暖问题是经济学中外部性效应的延伸，气候变化属于全球公共物品范畴，从而产生了国际外部效应，公共物品的非竞争性和非排他性特征使得“搭便车”行为成为可能，处理跨越国界的“搭便车”行为相较主权国家内部处理这种现象更加困难，进而寻求国际合作，且保证合作的稳定性，从而要求国际合作具备自我执行性和获益性特点。

围绕两大核心问题，即减排迫切性问题与减排实现手段问题，气候变化经济学形成了两大派别，“市场派”和“伦理派”。

“伦理派”以斯特恩（Nicholas Stern）为首，主张必须立即大力减排，否则，全球气候变暖问题将带来灾难性后果，即气候变化将导致全球每年国内生产总值的5% ~20%的损失，且损失将延续；而立即大力减排，并将温室气体控制在500 ~ 550ppm，其成本约为国内生产总值的1%左右[70-73]。而以诺德豪斯为首的“市场派”则认为，斯特恩的报告带有强烈的政治色彩，非纯学术报告，并认为斯特恩的结论之所以成立是由于其采用了一个近似为0的贴现率①，如果采用市场贴现率重新计算②，斯特恩的结论将不再成立。因此，诺德豪斯认为，只需一个“近期小幅，中期中幅，远期大幅”的“坡度减排”计划即可[74-77]。换言之，“伦理派”与“市场派”争论的焦点集中在贴现率的问题上。围绕贴现率问题，还出现了一种折中的观点，认为不能固化贴现率，而应该采用动态的贴现率，动态贴现率会随时间呈递减趋势，而递减过程的初值、递减形式以及递减的终值又有所不同。如达斯古普塔（P. Dasgupta，2008）认为，初值为3.9%，双曲线递减贴现形式[78]；威兹曼（M. L. Weitzman，2009）取初始贴现率为6%，伽马递减贴现形式，减至最小值[79]；格里耶（C. Gollier，2010）认为，初始值为5%，指数式递减贴现形式，减至最小值[80]，等等。不同的贴现率，所得出的结论亦不尽相同。

关于减排手段的争论同样存在于上述两派之间。减排手段可以分为两类：一类是许可制，另一类是经济手段，大多数气候变化经济学家认为，许可制对于解决国际外部性效应无益，应采用经济手段。而经济手段又分两种：一种是征收碳税，另一种则是采用碳交易，前者是一种纯惩罚性措

① 斯特恩报告中纯时间偏好率取值为0.1%，贴现率取值为1.4%。

② 诺德豪斯采用的市场贴现率为：时间偏好率取值1.5%，贴现率5.5%。

施，而后者则是奖罚兼具。斯特恩认为，两种经济手段各有优势，在不同经济体中执行效果也会不同，与其观点相类似的还有张中祥、巴兰兹尼等。而支持碳税的典型代表是诺德豪斯，他认为，碳交易缺乏可供借鉴的历史经验，因而具有很大的不确定性，此外，碳排放配额的供给与需求都缺乏足够的弹性，可造成碳排放市场中碳价的剧烈波动，从而使得价格引导资源优化配置的经济目标难以实现。支持碳交易的典型代表是赫本，赫本反对税收的理由是国际协调难度大。诺德豪斯反驳谈判难度大是由于掺杂了太多政治因素，同等情况下，碳交易的国际协调难度会更大，反而是碳税更加直接、透明，易得到各国支持。

无论是哪种市场手段，由于气候变化的国际外部效应的存在，对于各经济主体来说，都会倾向于从别国减排的努力中享受好处，而自己可以不做任何努力。为克服国际外部效应，平衡各国利益关系，就需要构建一个存在均衡状态的博弈格局。因此，博弈论作为分析和解决利益冲突问题的有力工具，近年来受到热捧就不足为奇了。在均衡博弈格局中，各国在国际谈判中争取一个更加有利的碳排放配额就显得异常重要，中国作为碳排放总量大国，不少学者也为气候变化经济学的发展做出了贡献，也为中国应对气候变化以及与之相关的国际谈判提供了科学依据。

竺可桢（1973）通过大量史料研究，并结合世界气候联动规律重现了中国五千年来的气候变迁过程，从重现结果看，目前的年均气温并不是历史高温时期，从某种程度上为“坡度减排”计划提供了证据[81]。袁留根、张陆彪、杨士宏等是中国近代较早提出环境与经济协调发展的学者。何建坤、吕应运（1997）对全球气候变化的应变战略进行了深入研究[82]。陈文颖、吴宗鑫（1998）对主要国家、九大区域以及两大集团的 CO_2 历史累积排放量进行了估算，并认为人均原则是碳排放限额分配应坚持的原则，在此基础上提出四种人均碳排放限额分配模式，据此计算全球九大区域以及中国 2050 年碳排放限额，并指出以 1990 年为人口基年，考虑历史责任的碳排放限额分配方案对中国是较优方案[83]。沈可挺等（2002）以经济结构变化、技术进步、能源结构改善、环境标准和法规的强化为要素，构建了中国清洁发展机制（CDM）方案，并使用可计算的一般均衡（CGE）模型测算要素改进可能产生的 CO_2 减排量[84]。潘家华等（2007）对 2001 年以来有关减缓气候变化的研究进展进行了总结，并认为温室气体减排取决于发展路径的选择，在现有技术手段和国际合作一致行动的前提下，可实现以较低成本将 2030 年以后的温室气体浓度稳定在较低水平[85]。

2 增长理论回顾与增长模型改进

西方主流经济增长理论①经历了从“资本决定论”到“技术决定论”再到“制度决定论”的演变过程，显然，资本、技术和制度不可能同时成为经济增长的决定因素。以保罗·罗默（1986，1990）和罗伯特·卢卡斯（1988）为代表的内生增长理论的核心思想是经济能够不依赖于外力推动实现持续增长，内生的技术进步是保证经济持续增长的决定因素[86]，从而，内生增长理论的总量生产函数中不再包含外生变量。而诺斯（1970）认为，以往研究的经济增长原因，如技术进步、投资增加、专业化和分工的发展并不是经济增长的原因，而是经济增长本身，经济增长的原因应该到引起这些现象的制度因素中去寻找[87]。

探寻经济增长的根本原因，需要回到哲学的高度进行分析，马克思主义哲学认为：①内因是事物发展的根本原因，外因是事物发展的必要条件；②生产力决定生产关系，生产关系反作用于生产力。因此，将技术进步视为经济增长的内因，将包含制度在内的其他外生因素视为经济增长的外因更加符合哲学原理。

此外，无论是新古典增长理论还是内生增长理论，其生产函数均为工业生产函数，事实上，各国经济增长是各产业共同推动的结果。且农业与第三产业的投入要素以及受客观因素制约的程度与工业有较大差别，尤其是随着信息经济以及虚拟经济的迅速发展，仍然以工业生产代表整个国民经济的增长显然有失偏颇，也会导致模型的解释力削弱。

本章首先对主流增长理论进行系统梳理，在此基础上，提出考虑人的主观能动性和制度因素的经济目标吸引力模型，并加入主流增长理论模型中。此外，由于有约束的经济增长模型的构建汲取了 RICE 模型的一些建模理念，因此，本章还对 RICE－2010 进行了介绍和评述。

---

① 非主流的观点还包括人力资本论、分工—专业化理论、结构效应理论等，人力资本论某种程度上可以归结为技术决定论。

2.1　主流经济增长理论——从新古典到内生增长

2.1.1　索洛模型及主要假设

索洛模型是众多关于经济增长模型的起点，其假定对产出产生影响的要素包括：产出（Y）、资本（K）、劳动（L）和“知识”或“劳动有效性”（A），生产函数的形式为：

$$Y(t) = F[K(t), A(t)L(t)] \tag{2.1}$$

其中，t 表示时间，不直接作为模型变量，但通过 K，L，A 对产出产生间接影响。AL 被称为“有效劳动力”。式（2.1）表达的是劳动增进型技术进步；若函数形式为 $Y = F(AK,L)$，则是资本增进型技术进步，若函数形式为 $Y = AF(K,L)$，则是希克斯中性技术进步。确定以 AL 的方式进入模型的原因有两个：一是使资本产出比 K/Y 最终趋稳，更加接近实际情况；二是资本产出比 K/Y 为常数会使分析更为简单。该模型的主要假设包括：

假设1：除了资本、劳动和知识外的其他投入要素相对不重要，如土地及其他自然资源均被忽略。

假设2（关键假设）：规模报酬不变，即对于任何非负常数 c，有

$$F(cK, cAL) = cF(K, AL) \tag{2.2}$$

规模报酬不变的假设使得我们可以利用集约形式（Intensive form）的生产函数进行分析，令 $c = \frac{1}{AL}$，则式（2.2）可以写为：

$$F\left(\frac{K}{AL}, 1\right) = \frac{1}{AL}F(K, AL) \tag{2.3}$$

其中，$\frac{K}{AL}$是每单位有效劳动的资本量，$\frac{F(K, AL)}{AL} = \frac{Y}{AL}$，为每单位有效劳动的产出，定义 $k = \frac{K}{AL}$，$y = \frac{Y}{AL}$，且 $f(K) = F(K,1)$，从而式（2.3）可以改写为：

$$y = f(k) \tag{2.4}$$

式（2.4）表明每单位有效劳动产出量仅取决于每单位有效劳动的资本量，而不依赖于经济的总体规模。对于集约形式的生产函数 $f(k)$，假定其满足 $f(0) = 0$，$f'(k) > 0$，$f''(k) < 0$[$f'(k)$，$f''(k)$ 分别表示 $f(k)$ 的一阶、二阶导数]，由于 $F(K,AL) = ALf(K/AL)$，根据资本的边际产品的概

念有，$\partial F(K,AL)/\partial K = ALf'(K/AL)(1/AL) = f'(k)$，因此，假设$f'(k) > 0$，$f''(k) < 0$，意味着资本的边际产品为正数，但其随着每单位有效劳动的资本增加而下降。此外，假定$f(\cdot)$满足稻田条件[88]：

$\lim_{k\to 0} f'(k) = \infty$，$\lim_{k\to\infty} f'(k) = 0$。稻田条件（强于模型主要结论所需的条件）表明当资本存量足够小时，资本的边际产品非常大；当资本存量变大时，它会变得非常小，其作用是确保经济增长路径不发散。

假设3：劳动，知识和资本如何随着时间的推移发生变化。该模型假设时间是连续的，但时间是连续抑或是离散本质上没有多大区别，只是基于分析的便利性考虑。索洛模型假定资本、劳动力和知识的初始水平既定，且严格为正。劳动和知识以恒定的速度增长，从而

$$\dot{L}(t) = nL(t) \tag{2.5}$$

$$\dot{A}(t) = gA(t) \tag{2.6}$$

其中，n和g是外生参数，变量上的点表示该变量是关于时间的导数［即$\dot{X}(t)$是$\frac{\mathrm{d}X(t)}{\mathrm{d}t}$的简记］。由于变量的增长率是指其变化速率，即$X$的增长率是指$\frac{\dot{X}(t)}{X(t)}$。因此，式（2.5）意味着，$L$的增长率是恒定且等于$n$，式（2.6）表明$A$的增长率亦恒等于$g$。

关于增长率的一个重要的事实是：一个变量的增长率等于其自然对数的变化率。也就是说，$\frac{\dot{X}(t)}{X(t)} = \frac{\mathrm{d}\ln X(t)}{\mathrm{d}t}$。注意到，由于$\ln X$是$X$的函数和$X$是$t$的函数，可以使用链式法则得出：

$$\frac{\mathrm{d}\ln X(t)}{\mathrm{d}t} = \frac{\mathrm{d}\ln X(t)}{\mathrm{d}X(t)}\frac{\mathrm{d}X(t)}{\mathrm{d}t} = \frac{1}{X(t)}\dot{X}(t) \tag{2.7}$$

结合式（2.5）（2.6）（2.7）可得L和A都随时间呈指数增长，即

$$L(t) = L(0)\mathrm{e}^{nt} \tag{2.8}$$

$$A(t) = A(0)\mathrm{e}^{gt} \tag{2.9}$$

假设4：由于产出可以分为消费和投资两部分，假定投入投资的产出份额（s）外生且恒定，投入投资的一单位产出可以获得一单位的新资本，现有资本以速率（δ）折旧。则有式（2.10），尽管模型并不对n，g，δ单独施加限制，但假定$n+g+\delta>0$。

$$\dot{K}(t) = sY(t) - \delta K(t) \tag{2.10}$$

2.1.2 索洛模型平衡增长路径分析

索洛模型的三种投入要素中，劳动和知识外生，因此，为分析平衡增长路径，需要重点分析资本（每单位有效劳动的资本 k，而不是资本存量 K），由于 $k=K/AL$，由链式法则可得：

$$\begin{aligned}\dot{k}(t) &= \frac{\dot{K}(t)}{A(t)L(t)}-\frac{K(t)}{[A(t)L(t)]^2}[A(t)\dot{L}(t)+\dot{A}(t)L(t)] \\ &= \frac{\dot{K}(t)}{A(t)L(t)}-\frac{K(t)}{A(t)L(t)}\frac{\dot{L}(t)}{L(t)}-\frac{K(t)}{A(t)L(t)}\frac{\dot{A}(t)}{A(t)}\end{aligned} \tag{2.11}$$

其中，$k=K/AL$，由式（2.8）（2.9）可知 $\dot{L}/L$ 与 $\dot{A}/A$ 分别为 n 和 g，$\dot{K}$ 可由式（2.10）推导，Y/AL 由 $f(k)$ 给定，从而，式（2.11）可写为：

$$\begin{aligned}\dot{k}(t) &= \frac{sY(t)-\delta K(t)}{A(t)L(t)}-k(t)n-k(t)g \\ &= s\frac{Y(t)}{A(t)L(t)}-\delta k(t)-nk(t)-gk(t) \\ &= sf[k(t)]-(\delta+n+g)k(t)\end{aligned} \tag{2.12}$$

式（2.12）是索洛模型的重要方程，其阐述了每单位有效劳动的资本存量变化率由两项之差构成，第一项 $sf(k)$ 为每单位有效劳动的实际投资：每单位有效劳动的产出为 $f(k)$，产出份额为 s；第二项 $(\delta+n+g)k$ 为持平投资，表示为使得 k 保持现有水平必须进行的投资。需要一定投资使得 k 不下降的理由有两个：一是克服现有资本折旧 δk；二是克服有效劳动数量增长 $(n+g)k$。

当 $sf(k)>(\delta+n+g)k$ 时；k 会增加，当 $sf(k)<(\delta+n+g)k$ 时，k 会下降；当两者相等时，k 会维持不变。由于 $f(0)=0$，故实际投资与持平投资相交于原点，满足稻田条件的实际投资与持平投资曲线如图 2.1 所示。其中，k^* 是实际投资与持平投资相等时的 k 值，也是 k 的收敛值。索洛模型表明，无论起点在何处，经济总会收敛于一个平衡增长路径，在平衡增长路径上，每个工人的平均产出增长率只由技术进步率唯一决定。

政府政策对索洛模型的影响最可能的是通过储蓄率影响，一个 s 的永久性增加，将使得实际投资线向上移动，从而使得 k^* 上升，如图 2.2 所示。从旧的均衡点（k^*_{OLD}）到新的均衡点（k^*_{NEW}）的变化过程是一个渐进的过程，而非跳跃式的，达到新的均衡点后，k 将在一个新的水平保持不变。也就是说，储蓄率的变化只具备水平效应，不具备增长效应，能改变

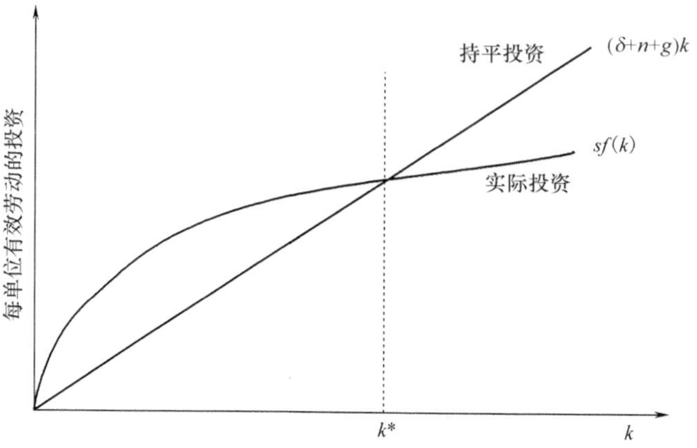

图 2.1 平衡路径中的实际投资与持平投资

经济的平衡增长路径，但不能影响平衡路径上每个工人的平均产出增长率，事实上，索洛模型中，只有技术进步增长率的变化具有增长效应，其他所有变化只产生水平效应。

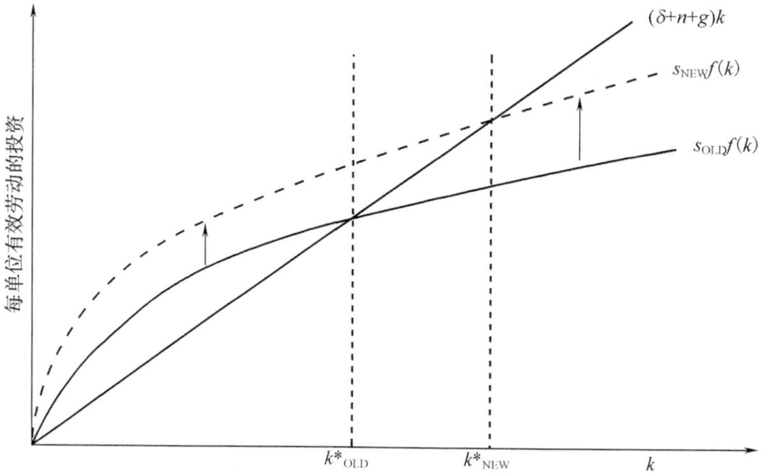

图 2.2 储蓄率增加对均衡点的影响

索洛模型在劳动的有效性处理上不够完整，其认为劳动有效性的增长是外生的，即将增长的推动力变量视为给定的。此外，模型未能明确“劳动的有效性”是什么，认为其是一个除了劳动和资本之外影响产出的其他因素的综合变量，为明确这一点，以罗默、卢卡斯为代表的内生增长理论应运而生。

2.1.3 内生增长理论

内生增长理论认为，“劳动有效性”代表知识或技术，为此引入一个明确的研究和开发部门（R&D），并对新技术的生产以及资源在传统产品生产与研发之间分配进行建模。在新技术的生产方面，假定研究投入更多资源将会得到更多科技发现，并引入一个转移参数考察知识生产。此外，为了简化目的，将研发生产函数和产品生产函数均假定为一般化的柯布—道格拉斯函数，但投入要素的指数之和不限定为1；并沿用索洛模型的思想，将研发部门的储蓄、劳动力和资本存量的份额均视为外生恒定。

在两部门①（产品生产部门和研发部门）情形下，设劳动力中 a_L 的份额用于研发，另外 $1-a_L$ 的份额用于产品生产；同理，资本存量中 a_K 的份额用于研发，其余的用于产品生产，a_L 和 a_K 都假定外生恒定，考虑到知识的非竞争性，因而，两部门知识存量都使用全部知识存量 A，从而，在 t 时的产品产出函数为：

$$Y(t) = [(1-a_K)K(t)]^{\alpha}[A(t)(1-a_L)L(t)]^{1-\alpha} \qquad (2.13)$$

式（2.13）中，除了 $1-a_K$ 以及 $1-a_L$ 两项以及对生产函数的形式限制外，其他地方基本与索洛模型相同，显而易见，式（2.13）意味着规模报酬不变。

知识的生产取决于投入研究的资本和劳动数量以及技术水平，其生产函数可以写为：

$$\dot{A}(t) = B[a_K K(t)]^{\beta}[a_L L(t)]^{\gamma}A(t)^{\theta} \quad B>0,\beta\geqslant 0,\gamma\geqslant 0 \qquad (2.14)$$

其中，B 为转移参数。式（2.14）未假设知识生产关于资本和劳动的规模报酬不变，产品生产中，一般认为生产函数至少是规模报酬不变的，由于复制便可实现规模报酬不变。但知识生产中，复制导致同样的发现被进行两次，而 A 却是不变的。考虑到研发人员的互动以及研发基础设施成本的固定性，规模报酬也有可能是递增的。参数 θ 反映现有知识存量对研发成败的影响，这一影响可能是正向的也可能是负向的。正向是由于过去的发现可能为未来的发现提供思想和工具，负向是由于最先得到的发现是

① 1990年，罗默发展其内生增长模型为三个部门，包括：最终产品生产、中间产品生产和研发部门。

最容易的。

内生增长模型的储蓄率假定与索洛模型相同，也被视为外生恒定，为简化，将折旧率设为0。人口增长率视为外生，且不考虑增长率为负的情况。从而

$$\dot{K}(t) = sY(t) \tag{2.15}$$

$$\dot{L}(t) = nL(t) \quad n \geqslant 0 \tag{2.16}$$

由于上述模型存在两个内生变量 K 和 A，其分析较索洛模型更复杂。

将式（2.13）代入式（2.15），得到

$$\dot{K}(t) = s(1-a_K)^{\alpha}(1-a_L)^{1-\alpha}K(t)^{\alpha}A(t)^{1-\alpha}L(t)^{1-\alpha} \tag{2.17}$$

对式（2.17）两边同除以 $K(t)$，并定义 $c_K = s(1-a_K)^{\alpha}(1-a_L)^{1-\alpha}$，用 $g_K(t)$ 表示 K 的增长率，从而得出

$$g_K(t) \equiv \frac{\dot{K}(t)}{K(t)} = c_K\left[\frac{A(t)L(t)}{K(t)}\right]^{1-\alpha} \tag{2.18}$$

对式（2.18）两边取对数并对时间求导，可得

$$\frac{\dot{g}_K(t)}{g_K(t)} = (1-\alpha)[g_A(t) + n - g_K(t)] \tag{2.19}$$

根据式（2.17）可知，g_K 总为正。因此若 $g_A + n - g_K$ 为正，则 g_K 上升；否则，g_K 下降；若等于0，则 g_K 不变。

同理，对式（2.14）两边同时除以 A，可以得到 A 的增长率表达式：

$$g_A(t) = c_A K(t)^{\beta}L(t)^{\gamma}A(t)^{\theta-1} \tag{2.20}$$

其中，$c_A \equiv Ba_K^{\beta}a_L^{\gamma}$。对式（2.20）取对数并对时间求导，可得

$$\frac{\dot{g}_A(t)}{g_A(t)} = \beta g_K(t) + \gamma n + (\theta-1)g_A(t) \tag{2.21}$$

式（2.21）等式右边若为正，则 g_A 上升；若为负，则 g_A 下降；若等于0，则 g_A 不变。

在产品生产函数［式（2.13）］中，两种内生的生产要素资本和知识是规模报酬不变的，因此，生产函数最终是规模报酬递增、不变还是递减取决于知识生产函数［式（2.14）］的规模报酬情况，知识生产函数中 A 的规模报酬是 $\beta+\theta$，因而经济行为的关键决定因素在于 $\beta+\theta$ 与 1 比较的大小情况。

若 $\beta+\theta<1$，则 $(1-\theta)/\beta>1$，因此 $\dot{g}_A=0$ 比 $\dot{g}_K=0$ 的线更加陡峭。

从而，不管 g_A 和 g_K 从何处开始，均会收敛于均衡点，在该点处，g_A 和 g_K 分别用 g_A^* 和 g_K^* 表示，g_A^* 和 g_K^* 满足：

$$\begin{cases} g_A^* + n - g_K^* = 0 \\ \beta g_K^* + \gamma n + (\theta - 1) g_A^* = 0 \end{cases} \tag{2.22}$$

从而，解得

$$\begin{cases} g_A^* = \dfrac{\beta + \gamma}{1 - (\theta + \beta)} n \\ g_K^* = \left[1 + \dfrac{\beta + \gamma}{1 - (\theta + \beta)}\right] n \end{cases} \tag{2.23}$$

此种情形下，劳动和资本存量中用于研发的比例 a_L，a_K 均不影响长期增长，储蓄率也不影响长期增长，这种情形被称之为半内生增长模型，一方面，长期增长由模型的内生变量决定，另一方面，其仅依赖于人口增长率和知识生产函数的参数，而不受模型其他任何参数的影响，正如其名，增长似乎只是部分内生。

若 $\beta + \theta = 1$，$n = 0$，则 g_A 和 g_K 的两条线是重合的，这表明不管经济从何处开始，最终将收敛于一条平衡增长路径，该路径具有唯一性，且该路径上的经济增长率是各参数的复杂函数，储蓄率和人口规模的增加会提高这种长期增长率。这种情形的模型称之为完全内生增长模型，其长期增长依赖于更广泛的参数。

$\beta + \theta = 1$，$n > 0$，以及 $\beta + \theta > 1$ 的情况比较复杂，涉及资源在两个部门的转移问题，因此不做过多探讨。

剩下的问题是什么因素决定了 a_L 和 a_K，由于知识的形式具有多样性，而不同类型的知识在经济增长中发挥了重要的作用，期望不同类型知识积累的决定因素相同是不太可能实现的，只能尽可能发现知识积累的各种潜在决定因素。罗默强调所有知识都有一个基本特征——非竞争性（与排他性有所区别），即 A 使用了该知识不会影响 B 使用，也就是说向一个新用户多提供一个单位知识的边际成本是 0。这就决定了知识的创造不能由对私人经济收益的欲望来驱动。因此，要么知识以高于其边际成本的价格出售，要么其发展不由市场力量来驱动。知识的排他性取决于知识性质本身和决定产权的经济制度，某些情形下更依赖于前者。若知识是排他的，则创造知识的人可以从研发努力中获得正的报酬。因此，罗默认为，影响资源配置于知识发展的四种核心因素可以归结为：对基础科学研究的支持、研发与创新的私人激励、人才可选择的机会以及干中学。

2.1.4 罗默模型

罗默模型（1990）对技术进步的处理是在微观经济基础上建立的，该模型认为，研发是基于利润最大化的一种选择，研发部门会加速增长，并反过来影响激励资源投入到研发部门。由于市场对知识的需求是偏离完全竞争的，且投入生产的独特想法具有不完全替代性，但知识创造者有垄断其所创造知识的使用权利。这使得模型的建立增加了复杂性。因此，为简化目的，假定模型符合 $\beta+\theta=1$，$n=0$ 的情况①，该模型也不能描述达到均衡的过渡状态，即在面对冲击时，经济会立即跳转到新的均衡路径，这样使得要素变化的影响分析、均衡的计算，以及研发部门资源配置的优化计算更加容易。其具体模型如下：

在知识水平既定、专业化可无限细分的前提下，将新知识的形成过程视为穆勒（1848）提出的心理化合过程②，以描述包含各种不同知识的投入如何融合起来产出新知识。假定目前有一系列可获得的知识（从 0 到 A，$A>0$，A 是关于时间的函数，但由于该模型考虑的是时点经济问题，因此将其视为常数），当新知识可获得时，在生产中可用包含这一知识的技术 1∶1替代劳动力。用 i 表示第 i 个知识，L（i）既包括致力于生产投入知识数量 i 的劳动力又表示在最终产品生产中投入的知识数量 i 的劳动力，对于未能发现的新知识，即 $i>A$，包含知识的投入是不能不惜任何代价生产的。根据西尔（Ethier，1982）生产函数[89]，有：

$$Y=\left[\int_{i=0}^{A}L(i)^{\Phi}\mathrm{d}i\right]^{1/\Phi},\Phi\in(0,1) \tag{2.24}$$

令 L_Y 表示生产投入的总工人数，并假定生产每个可获得的投入数量是相等的，因此，$L(i)=L_Y/A$，对于所有的 i 成立。进而

$$Y=\left[A\left(\frac{L_Y}{A}\right)^{\Phi}\right]^{1/\Phi}=A^{(1-\Phi)/\Phi}L_Y \tag{2.25}$$

式（2.25）表明，对于 L_Y 有规模报酬不变，即维持知识存量不变，投入加倍则产出加倍；对于 A 有规模报酬递增，即维持投入不变，知识存量提高，产量增加，这就是新知识的价值。

考虑代表性厂商的成本最小化问题。令 p（i）表示第 i 个知识的知识产权拥有者对每个单位使用该知识的索取价格，则以最小成本生产一单位

---

① 这样假设缺乏现实依据，只是为了使模型具有收敛性，从而均衡状态存在。

② 意味着使用两种不同知识的产出要比使用一种知识两次生产的产出大。

产出的拉格朗日函数为：

$$\mathcal{L} = \int_{i=0}^{A} p(i)L(i)\mathrm{d}i - \lambda\left\{\left[\int_{i=1}^{A} L(i)^{\Phi}\mathrm{d}i\right]^{1/\Phi} - 1\right\} \tag{2.26}$$

厂商的决策集是 i 从 0 到 A 变化对应 L（i）的值，对于个体的 L（i）的一阶条件为：

$$p(i) = \lambda L(i)^{\Phi-1} \tag{2.27}$$

式（2.27）中使用了一个事实：即 $\int_{i=0}^{A} L(i)^{\Phi}\mathrm{d}i = 1$。根据式（2.27）可得

$$L(i) = \left[\frac{p(i)}{\lambda}\right]^{\frac{1}{\Phi-1}} = \left[\frac{\lambda}{p(i)}\right]^{\frac{1}{1-\Phi}} \tag{2.28}$$

式（2.28）表示包含每个想法的知识产权拥有者面对的是一条向下倾斜的需求曲线，即 $L(i)$ 是关于 $p(i)$ 的光滑递减函数。当 $\Phi \to 1$ 时，投入的边际产品下降速率小于投入增加的速率。由于厂商生产最终产品是投入要素价格的接受者，且生产函数是规模报酬不变的，边际成本等于平均成本，因此，厂商的利润为 0。

建立模型的其余部分罗默做了四个假设：

假设 1：关于经济总量的假设。人口总量既定，且等于 $\bar{L} > 0$。令 L_A（t）表示 t 时期研发部门的从业人员数，则 t 时期劳动力市场均衡条件表示为：

$$L_A(t) + L_Y(t) = \bar{L} \tag{2.29}$$

其中，如前文所述，$L_Y(t) = \int_{i=0}^{A(t)} L(i,t)\mathrm{d}i$ 表示产品生产部门从业人员数。由于明确描述了时期 t，因而可以考虑经济随时间的演化进程。

新知识的生产与从事研发工作的人数成比例，且正比于知识存量，因而：

$$\dot{A}(t) = BL_A(t)A(t), B > 0 \tag{2.30}$$

且假定 A 的初始水平 A（0）严格为正。假设 1 使得线性增长模型具有动态累加性。式（2.30）以及人口增长无增长假设意味着如果从事研发工作的劳动力比例为常数，知识储量的增长率就为常数，且该增长率是从事研发工作的劳动力比例 a_L 的增函数。

假设 2：关于宏观经济的微观行为假设。个体具有无限期界寿命并最大化其效应函数。个体的社会贴现率为 ρ，为简化，假定其瞬时效用函数

为对数形式①，因而，代表性个体一生的效用可表示为

$$U = \int_{t=0}^{\infty} e^{-\rho t} \ln C(t) dt, \rho > 0 \tag{2.31}$$

其中，$C(t)$ 表示个体在 t 时期的消费。如同 Ramsey – Cass – Koopmans 模型，个体的预算约束是其一生消费的现值不能超过初始财富与未来劳动收入的现值之和。假定所有个体初始财富均相同，且利率为常数，从而，预算约束可表示为：

$$\int_{t=0}^{\infty} e^{-rt} C(t) dt \leqslant X(0) + \int_{t=0}^{\infty} e^{-rt} w(t) dt \tag{2.32}$$

其中，r 是利息率，$X(0)$ 表示初始的人均财富，$w(t)$ 是 t 时期的工资，个人将视这些变量为既定的。

假设3：关于研发的宏观经济学。假定新知识创造过程无门槛，即任何人都可以以当前工资水平 $w(t)$ 雇佣 $1/[BA(t)]$ 单位的劳动力并生产新知识。尽管 A 的增加导致研发的生产率提高，但研发公司不会为创造者过去的想法做补偿，因而，模型假设研发具有外部性。新知识的创造者被赋予永久的知识产权以使用这一知识进行对应生产，专利持有人在工资、其他要素索价和劳动力总量 L_Y 既定的前提下，选择生产中此知识的投入程度以及每一时期的新知识的索价。研发的无门槛要求新知识的利润获取现值等于创造此知识的成本。假定知识 i 的创造时间为 t，并令 $\pi(i,\tau)$ 表示 τ 时期的知识创造者的收益函数，从而这一条件可表示为

$$\int_{\tau=t}^{\infty} e^{-r(\tau-t)} \pi(i,\tau) d\tau = \frac{w(t)}{BA(t)} \tag{2.33}$$

假设4：关于一般均衡的假设。首先，假定劳动力市场是竞争性的，意味着产品生产部门和研发部门的工资水平相等；其次，经济中唯一的资产是专利，因此，初始财富是已经发现的知识收益的现值。最后，产出产品的唯一用途是消费，由于所有个体同质，因而其选择的消费路径亦相同，因而商品市场在 t 时期的均衡条件为：

$$C(t) \bar{L} = Y(t) \tag{2.34}$$

2.1.5 罗默模型求解

总经济水平类似于一个线性增长模型，这意味着在均衡中，劳动力在研发部门和产品部门的分配可能不会随着时间发生改变，因而，罗默模型不是去探求寻找均衡的一般方法，而是寻找一个使得 L_A 和 L_Y 为常数的均

① 即假定恒定的相对风险厌恶效用导致类似的结果。

衡点。特别的，给定均衡点的常量 L_A，其含义既是包含创造新知识的收益现值也是创造新知识的成本，收益现值与成本相等才能达到均衡条件的值 L_A，且该均衡点是唯一的均衡点，不会随时间发生改变。

模型的求解第一步考虑专利持有人在某个时点对其专利选择索价。微观经济学的一个标准结果是索取垄断利润最大化的价格，该价格为边际成本的 $\eta/(\eta-1)$ 倍，其中，η 是需求弹性 。根据式（2.28），可知需求弹性是常数且等于 $1/(1-\Phi)$ 。由于单位劳动力可生产一单位的投入，因此，t 时期投入供应的边际成本为 $w(t)$ ，因此，垄断专利持有人对专利的索价为：

$$[1/(1-\Phi)]/\{[1/(1-\Phi)]-1\}\times w(t)=w(t)/\Phi \qquad (2.35)$$

清楚每个垄断专利持有人的索价，就可以确定其特定时点的利润。由于所有投入的价格相同，t 时刻每种投入的数量也相同，在 L_A 为常数且要求 $L_A(t)+L_Y(t)=\bar{L}$ 的假设下，各种投入的数量为 $(\bar{L}-L_A)/A(t)$ ，从而，每个专利持有人的收益函数为：

$$\pi(t)=\frac{\bar{L}-L_A}{A(t)}\left[\frac{w(t)}{\Phi}-w(t)\right]=\frac{1-\Phi}{\Phi}\times\frac{\bar{L}-L_A}{A(t)}\times w(t) \qquad (2.36)$$

为决定新知识获取利润的现值，以刺激创新，需要确定经济增长率以及利息率，对于知识创造的式（2.30）：$\dot{A}(t)=BL_A(t)A(t)$ ，意味着如果 L_A 为常数，则 $\dot{A}(t)/A(t)=BL_A$ ，即 A 的增长率为常数 BL_A。式（2.36）在每种投入价格相同，数量相等的情况下，$Y(t)=A(t)^{[(1-\Phi)/\Phi]}L_Y(t)$ ，既然 $L_Y(t)$ 为常数，则 Y 的增长率为 $[(1-\Phi)/\Phi]BL_A$ 。

消费与工资的增长率与产出的增长率相同，消费增长率与产出增长率相同是由于所有产出都用于消费，而工资增长率与产出增长率相同则是由于收益不变与竞争性原因。因而，可以确定式（2.26）中所表达的新知识的收益增长率为 $[(1-2\Phi)/\Phi]BL_A$ 。

知道消费的增长率，则实际利率的确定就变得简单了。一个恒定的相对风险厌恶效用家庭的消费增长率为 $\dot{C}(t)/C(t)=[r(t)-\rho]/\theta$ ，其中，θ 是相对风险厌恶系数，在对数效用中，其值等于 1，因而，均衡要求贴现率为：

$$r(t)=\rho+\frac{\dot{C}(t)}{C(t)}=\rho+\frac{1-\Phi}{\Phi}BL_A \qquad (2.37)$$

因此，若 L_A 是常数，则实际利率也为常数，这与假设一致。

一项发明的利润增长率为 $[(1-2\Phi)/\Phi]BL_A$，以 $\rho+\frac{1-\Phi}{\Phi}BL_A$ 为贴现率，因而，t 时期的新知识的收益现值为：

$$\Pi(t)=\frac{1-\Phi}{\Phi}\frac{\bar{L}-L_A}{\rho+BL_A}\frac{w(t)}{A(t)} \tag{2.38}$$

根据收益现值与发明新知识的成本相等时达到均衡，新知识的成本可表示为 $w(t)/[BA(t)]$，从而，可以求解均衡点的 L_A 为：

$$L_A=(1-\Phi)\bar{L}-\frac{\Phi\rho}{B} \tag{2.39}$$

在研发部门数量不严格为正的情形下，式（2.39）需要修改为：

$$L_A=\max\left[(1-\Phi)\bar{L}-\frac{\Phi\rho}{B},0\right] \tag{2.40}$$

既然产出增长率为［（1－Φ）/Φ］BL_A，可得：

$$\frac{\dot{Y}(t)}{Y(t)}=\max\left\{\frac{(1-\Phi)^2}{\Phi}BL_A-(1-\Phi)\rho,0\right\} \tag{2.41}$$

至此，长期增长率如何取决于潜在的微观环境模型描述已完成。注意到式（2.37）等式右边无一项是随时间变化的，因而，均衡值 L_A 为常数。

2.2 经济目标吸引力模型

2.2.1 引入经济目标吸引力的原因

以索洛模型为代表的新古典经济增长理论与以罗默和卢卡斯为代表的内生经济增长理论是现代西方的主流经济增长理论。西方主流经济增长理论抽象出最主要的生产要素（资本、劳动力、技术水平和人力资源等），构建了总产出函数，为大部分经济现象提供了解释力，但仍然存在一些明显的缺陷。这些缺陷包括三点。

（1）主流增长理论某种程度上默认经济增长已经发生，但诺斯认为经济增长不会自动发生。也就是说，西方主流增长理论解释的是经济增长发生之后的经济运行状况，而无法解释经济增长为什么会发生以及经济增长过程中的加速或减速等拐点现象。换言之，主流经济增长理论告诉我们，一辆已经启动的汽车为什么会沿着某种路径一直行驶下去，但无法解释汽车为什么会启动以及汽车在运行中发生的加速和减速现象。

（2）主流增长理论被认为是长期经济增长模型，对短期经济波动缺乏解释力。如对为什么会存在经济周期的解释总显得差强人意，使得增长理论和经济周期理论几乎失去联系，经济增长的短期波动与长期趋势无关联的结论很难让人信服。

（3）主流增长理论建立在自由竞争市场的基础上，政府在经济增长中的作用被极端弱化。事实上，大部分西方学者始终主张“大市场，小政府”，并认为政府的财政政策或货币政策只能影响短期经济波动，不能影响长期经济增长趋势。然而，政府作为领导者角色，其在经济增长中的作用若仅是维持市场秩序，通过各种政策调节经济的短期波动无疑让“领导者”蒙羞。

新古典增长理论中，存在技术这个外生变量，而内生增长理论将技术内生化，使得增长模型中不再包含外生变量。这是主流增长理论无法解释经济这辆“汽车”的启动和加减速现象的重要原因。根据力学与运动学的关系，启动和加减速属于运动状态改变，而运动状态的改变必然是由于外力驱使的，也就是说，主流增长理论中忽略了某种重要的外生变量，而外生变量可能来自于模型现有生产要素，也可能来自于其他未知变量。可以说，经济问题归根结底是“人”的问题。在资本、技术、劳动力中，技术和劳动力都和“人”有密切关系，后者关联更加紧密。在卢卡斯提出人力资源进入经济增长模型之前，主流增长理论中的劳动力仅体现了劳动力的数量，而未反映劳动力的质量。即便人力资源进入经济增长模型，主流增长理论仍然忽视了“人”的主观能动性。也就是说，主流经济增长理论只考虑了劳动力能不能干的问题，而忽视了劳动力愿不愿干以及愿意付出多大努力达成目标的问题，对于达成目标而言，后者可能比前者更加重要。为此，有必要引入一个新的变量度量劳动力愿意付诸多大努力以达成经济目标，这一变量即经济目标吸引力。

2.2.2 经济目标吸引力模型构建

考虑到新古典增长理论与内生增长理论都未曾将制度变迁因素纳入，而道格拉斯·诺思则认为制度因素在经济增长中起到了决定性作用。若将经济增长过程视为一个系统的运动，根据力学与运动学的关系，运动状态的改变（非静止或匀速直线运动）必然是受到非平衡力的影响，而纯内部产生的各种作用力合力一定是平衡力。但各国经济增长经验表明，经济拐点的出现是司空见惯的现象，经济拐点现象意味着运动状态发生了改变，即系统产生了外部力。显然，内生增长理论无法解释经济拐点现象，制度变迁虽然能解释拐点现象，但制度变迁本身是一种运动状态而不是一种力，用一种运动状态的改变去解释另一种运动状态的改变不符合力学与运动学的基本结论。理性预期学派从某种程度上揭示了产生外部力的一种可能，但未能考虑作为实现经济增长的主体“人”的主观能动性。因此，笔者试图将制度因素纳入一个依托人的主观能动性，且为外部力的变量中重新考虑经济增长模型，这个变量就是经济目标吸引力。

经济目标吸引力大小由式（2.42）确定。

$$\boldsymbol{G} = \frac{\tau C\varepsilon}{T^2}, \varepsilon \in [0,1] \tag{2.42}$$

其中，$\boldsymbol{G}$ 表示经济目标吸引力，τ 表示经济目标的正向、清晰度和受重视程度，在目标确定后可以视为一个常数；C 表示政府公信力，$C=0$ 表示公众根本不信任政府，$C=1$ 表示公众百分之百信任政府；ε 表示公众执行力，$\varepsilon=0$ 表示公众完全不愿意为实现经济目标而付诸努力，$\varepsilon=1$ 表示公众愿意付诸百分之百的努力以完成政府的经济目标，T 表示公众预期实现目标的时间，随着时间推移及任务进度而变化，但目标确定后，该变量是不可控因素。据此，确定目标后，经济目标吸引力的变化主要取决于两个因素，即政府公信力 C 和公众执行力 ε 的变化。

政府公信力受两方面因素影响：一是政府履职、行政、服务的作为能力以及领导者魅力，政府作为能力受制度因素影响较大，而领导者魅力则具有较大不确定性；二是公众的心理感知因素，影响公众的感知因素包括时代主流价值观、宗教信仰以及心理学中“审美疲劳”等。主流价值观和宗教信仰等因素影响政府公信力的初始水平，而“审美疲劳”致使政府公信力随时间变化呈递减趋势，而由于政府换届的周期性导致“审美疲劳”作用下的政府公信力最终呈现周期性递减趋势。

公众的执行力是指经济活动人口整体贯彻战略意图，完成预定目标的操作能力以及所愿意付出的努力。公众的执行力变化可用诺斯的“路径依赖”理论进行阐释。制度因素是影响公众进入某种特定路径的重要约束因素，而一旦进入某一种路径，就可能对这一路径产生依赖，除非有外力促使其改变路径，否则，不管该路径是“好的”还是“坏的”，都将保持这种路径发展。进入“好的”路径对公众的执行力有“自我强化作用”，使得公众完成目标的操作能力越来越强；而进入“坏的”路径则易造成公众执行能力处于静止或无序状态。不管进入何种路径，“羊群效应”与“脱群风险”会对路径偏离起到“矫正”作用。

在包含人力资源劳动力增进的罗默模型的总量生产函数的一般形式中引入经济目标吸引力，模型如式（2.43）所示。

$$Y(t)=(g+1)F[(1-a_K)K(t),H(t),A(t)(1-a_L)L(t)] \quad (2.43)$$

式（2.43）表明，若经济目标吸引力 $g=0$，则包含经济目标吸引力的模型退化为不含经济目标吸引力的罗默总量生产模型，当 $g\neq 0$ 时，式（2.43）表达的生产函数一定是规模报酬递增的。经济目标吸引力是一个远小于1的值，这保证了该模型估计的结果与罗默模型估计结果的相对一致性。

2.3 气候变化经济学理论

在20世纪90年代之前，气候变化是自然科学领域的研究对象，而对于气候变化是否为人类经济活动引起的，在自然科学界始终存在争议。1991年，诺德豪斯论文的发表标志着研究气候变化的主流工具——气候变化综合评估模型（Integrated Assessment Model，IAM）的开端。随后的十几年时间里，IAM先后发展出20多个版本，其中影响力较大的有气候经济动态集成模型（Dynamic Integrated Model of Climate and the Economy，DICE）[90]、区域及全球效应评估模型（MERGE）[91]、区域气候经济综合模型（Regional Integrated model of Cliamte and the Economy，RICE）[92]、不确定性协商和分配气候框架（FUND）[93]、温室效应政策分析模型（PAGE）[94]。斯特恩报告的主要技术正是基于PAGE模型。而诺德豪斯则不断推动DICE和RICE的发展，DICE与RICE的区别在于DICE将整个世纪作为一个整体，判断碳减排方案的有效性，而RICE－2010则将世界分为12个区域，像美国、中国这样的碳排放大国均视为独立区域处理。本节重点阐述RICE－2010，并在后文的实证分析中采用该软件进行计算。

2.3.1 RICE－2010模型

RICE模型的基本结构包括四个模块：目标函数、经济学模块、气候学模块、气候与经济链接模块。RICE－2010模型主要计算公式有15个。

2.3.1.1 优化目标的效用现值函数

$$W=\sum_{k=1}^{12}\sum_{t=1}^{T\max}\{\phi_{kt}U[c^k(t),L^k(t)]R(t)\} \quad (2.44)$$

其中，温室气体减排 W 为效用现值的目标函数，k 表示区域（共12个地区，中国、美国、日本、俄罗斯、印度等国均为独立的区域），t 表示时间（间隔期为10年，即从2001—2010年，2011—2020年，……），

$T\max$ 为模型的估计期长度，ϕ_{kt}是社会福利的 Negishi（根岸英一[①]）参数，$c(t)$ 表示商品和服务的人均消费，$L(t)$ 表示人口与劳动力投入比例，$R(t)$ 表示社会时间偏好贴现因子，$R(t)$ 的形式为 $R(t) = (1+\rho)^{-t}$，其中，ρ 为纯社会时间偏好率，而 $U[c^k(t), L^k(t)] = L^k(t)[c^k(t)^{1-\alpha}/(1-\alpha)]$，其中，$\alpha$ 为消费的边际效用弹性。

2.3.1.2　损害与减排前的总产出函数

$$Y^k(t) = A^k(t)K^k(t)^{\gamma}L^k(t)^{1-\gamma} \tag{2.45}$$

其中，$Y(t)$ 表示损害与减排前的总产出，$A(t)$ 表示全要素生产率（生产率单位），$K(t)$ 表示资本存量（以 2005 年为基准，单位：万亿美元），$L(t)$ 表示人口与劳动力投入比例（百万人），γ 为人均资本产出弹性。

2.3.1.3　减排成本占产出的比例

$$\Lambda^k(t) = Y^k(t)^{\theta_1}(t)\mu^k(t)^{\theta_2} \tag{2.46}$$

其中，$\Lambda(t)$ 表示减排成本占产出的比例，$Y(t)$ 表示损害与减排前的总产出，$\theta_1(t)$ 和 θ_2 均表示减排成本函数的参数，$\mu(t)$ 表示减排控制率（无控制排放的比例）。

2.3.1.4　气候损害占产出的比例

$$\Omega^k(t) = g^k[T(t), \mathrm{SLR}(t), M_{AT}(t)]/\{1 + g^k[T(t), \mathrm{SLR}(t), M_{AT}(t)]\} \tag{2.47}$$

其中，$\Omega^k(t)$ 表示气候毁损比例函数（气候毁损占地区产出的比例），$g^k[T(t), \mathrm{SLR}(t), M_{AT}(t)]$ 为气候毁损绝对额函数，$T(t)$ 表示气温，$\mathrm{SLR}(t)$ 表示海平面上升（相对于 1990 年，米），$M_{AT}(t)$ 表示大气中的碳存量。

2.3.1.5　毁损与减排后的产出函数

$$Q^k(t) = \Omega^k(t)[1 - \Lambda^k(t)]Y^k(t) \tag{2.48}$$

其中，$Q(t)$ 表示毁损与减排后的商品和服务的产出（以 2005 年为基准，单位：万亿美元），$\Omega^k(t)$ 表示气候毁损比例函数，$\Lambda(t)$ 表示减排成本占产出的比例，$Y(t)$ 表示损害与减排前的总产出。

2.3.1.6　产出的分解

$$Q^k(t) = C^k(t) + I^k(t) \tag{2.49}$$

这是将产出分解为消费与投资两部分的公式，不再赘述。

---

① 日本化学家，2010 年诺贝尔化学奖获得者。

2.3.1.7 人均消费

$$c^k(t) = C^k(t)/L^k(t) \tag{2.50}$$

2.3.1.8 资本存量运动规律

$$K^k(t) = I^k(t) + (1 - \delta_K)K^k(t-1) \tag{2.51}$$①

其中，$K(t)$，$K(t-1)$ 分别表示 t 时期和（$t-1$）时期的资本存量，$I(t)$ 表示投资额（2005 年为基期，单位：万亿美元），δ_K 表示资本贬值（折旧）率。

2.3.1.9 工业碳排放量

$$E^k_{\mathrm{ind}}(t) = \sigma^k(t)[1 - \mu^k(t)]Y^k(t) \tag{2.52}$$

其中，$E^k_{\mathrm{ind}}(t)$ 表示工业碳排放量（10 亿吨/期），$\sigma(t)$ 表示无控制工业排放产出比（吨/产出，产出以 2005 为基期价），$\mu(t)$ 表示减排控制率（无控制排放的比例）。

2.3.1.10 碳燃料的限制条件

$$\mathrm{CCum} \leqslant \sum_{i=1}^{T\max}\left[\sum_{k=1}^{12} E^k_{\mathrm{ind}}(t)\right] \tag{2.53}$$②

其中，CCum 表示化石能源最大消费量（10 亿吨碳），$E^k_{\mathrm{ind}}(t)$ 表示工业碳排放量（10 亿吨/期）。

2.3.1.11 碳排放总量

$$E^k(t) = E^k_{\mathrm{ind}}(t) + E^k_{\mathrm{Land}}(t) \tag{2.54}$$

其中，$E(t)$，$E_{\mathrm{ind}}(t)$，$E_{\mathrm{land}}(t)$ 分别表示碳排放总量、工业碳排放量和土地使用的碳排放量（10 亿吨/期）。

2.3.1.12 气候环境中碳浓度的动态学

（1）大气中碳浓度动态学

$$M_{AT}(t) = E(t) + \phi_{11}M_{AT}(t-1) + \phi_{21}M_{UP}(t-1) \tag{2.55}$$

（2）生物圈和上层海洋碳浓度动态学

$$M_{UP}(t) = \phi_{12}M_{AT}(t-1) + \phi_{22}M_{UP}(t-1) + \phi_{32}M_{LO}(t-1) \tag{2.56}$$

---

① RICE－2010 中此式表达为 $K^k(t) = I^k(t) - \delta_K K^k(t-1)$，显然，这是不对的。但 Nordhaus & Yang（1996）一文中此公式并未出错。

② RICE－2010 中此式表达为 $\mathrm{CCum} \geqslant \sum_{i=1}^{T\max}\left[\sum_{k=1}^{12} E^k_{\mathrm{ind}}(t)\right]$，显然，这里应该是小于或等于才对。由于笔者无法获取软件源程序，因而，上述两处错误是否带进软件中不得而知，若带进软件，则评估效果势必大受影响。

(3) 低层海洋碳浓度动态学

$$M_{LO}(t) = \phi_{23}M_{UP}(t-1) + \Phi_{33}M_{LO}(t-1) \quad (2.57)$$

其中，$M_{AT}(t)$，$M_{UP}(t)$，$M_{LO}(t)$ 分别表示大气中、生物圈和上层海洋、低层海洋的碳浓度（10 亿吨，期初）；ϕ_{11}，ϕ_{21}，ϕ_{12}，ϕ_{22}，ϕ_{32}，ϕ_{23}，ϕ_{33}，表示碳循环参数（流/期）。

2.3.1.13 辐射营力[①]（Radiative forcings）

$$F(t) = \eta\{\log_2[M_{AT}(t)/M_{AT}(1750)]\} + F_{EX}(t) \quad (2.58)$$

其中，$F(t)$，$F_{EX}(t)$ 分别表示总辐射营力和外生辐射营力，η 表示温度营力参数（℃/瓦特/平方米）。

2.3.1.14 地球表面平均温度

$$T_{AT}(t) = T_{AT}(t-1) + \zeta_1\{F(t) - \zeta_2T_{AT}(t-1) - \zeta_3[T_{AT}(t-1) - T_{LO}(t-1)]\} \quad (2.59)$$

其中，$T_{AT}(t)$ 表示 t 时期地球表面平均温度，$T_{LO}(t-1)$ 表示（$t-1$）期的低层海洋平均温度，ζ_1，ζ_2，ζ_3 为气候方程参数（流/期）。

2.3.1.15 海平面上升（热膨胀，冰川，冰盖）

$$\mathrm{SLR}(t) = \mathrm{SLR}(t-1) + \{\sum_{j=1}^{5}\pi_{1,j} + \pi_{2,j}T_{AT}(t-1) + \pi_{2,j}[T_{AT}(t-1) - \bar{T}^{j}_{AT}(t)]\} \quad (2.60)$$

其中，$\mathrm{SLR}(t)$ 表示海平面上升（相对于 1990 年，米），$\bar{T}^{j}_{AT}$ 为 $\mathrm{SLR}(t)$ 方程中冰盖的临界温度。

2.3.2 RICE 模型评述

RICE 模型是在 DICE 模型基础上发展起来的，在模型中提出三种应对气候变化的政策，即无控制政策、合作政策与非合作政策。经过十多年的不断发展，RICE 模型已经得到广泛认可，成为 IPCC 评估报告的重要参考依据。RICE 具有简单、易懂、灵活的特点，并把握了经济发展与环境保护的复杂关系，是学术领域和谈判领域环境政策评估及国家间博弈的实用性很强的软件之一[95]。

然而，即便是 RICE－2010 模型仍然存在一定的不足之处。比较明显的两点是：第一，该模型的总产出函数依然假定为具有希克斯中性的索洛模型形式，未能将内生增长理论，以及制度变迁对经济增长的影响纳入模

① 引起地质作用的力称为地质营力。

型考虑经济的长期增长。这是其较大的遗憾，与诺德豪斯深受索洛增长思想的影响密不可分。第二，RICE－2010 模型系统中存在资本存量运动规律以及碳排放限制条件两处错误，但该错误并未带入到软件当中，不影响模型的使用。

3　中国碳排放现状及与能源、经济的关系测度

温室气体（Greenhouse Gas，GHG）是指大气中吸收和重新释放红外辐射的各种温室效应气体，主要包括二氧化碳（CO_2）、甲烷（CH_4）、氧化亚氮（N_2O）、氢氟碳化物（HFCS）、全氟化碳（PFCS）、六氟化硫（SF_6）六种气体①，由于后五种气体均可转化为二氧化碳的排放量来计算，因此温室气体排放也统称为碳排放。温室气体有自然形成因素，但更多是人类经济活动所形成，大气中温室气体含量变化与气温变化密切相关，社会各界普遍认为，温室气体排放量的增加是导致全球变暖的首要因素。

进入后工业革命时代，一方面，能源是驱动机器的主要动力，是实体产品生产、交通物流等不可或缺的要素，因而能源也是驱动社会经济发展的重要因素，而化石能源的使用和燃烧是造成温室气体排放量居高不下的重要原因；另一方面，温室气体的大量排放导致全球变暖、自然生态系统被破坏、灾害性气候事件发生和海平面上升等问题，不仅影响人类的生存环境，造成直接或间接的经济损失，甚至可能导致国际关系紧张，引发局部战争，直接威胁人类的生存与发展。

由此可见，能源—经济—环境构成了一个复杂性系统，互相促进，彼此制约，成为难以分割的整体。本章用定性与定量相结合的方法，对中国碳排放现状进行分析，并对能源—经济—环境的关系进行定量测度。

3.1　中国碳排放现状

美国橡树岭国家实验室二氧化碳信息分析中心（Carbon Dioxide Information Analysis Center，CDIAC）数据显示，2010 年，中国（不含港澳台）二氧化碳排放总量达到 8 240.96 百万吨，已远超出位居第二的美国（5 294.17 百万吨），是世界上碳排放第一大国，且排放增长趋势尚未出现放

① 《京都议定书》，由联合国气候变化框架公约第三次缔约方会议于 1997 年通过。

缓迹象，2008—2010 年中国碳排放总量增速分别为 3.62%，9.23%，7.20%。这一方面由于中国进入工业化时代后的粗放式经济快速增长所致，另一方面则由于中国受制于资源禀赋的以煤炭为主的能源生产、消费结构始终未能得到有效改善。减缓碳排放是中国实现可持续发展的必然选择。

3.1.1　碳排放的时间累积效应

关于各国碳排放总量核算数据，国际知名的机构包括美国能源信息管理局（U.S. Energy Information Administration，EIA）、世界资源研究所（WRI）、美国橡树岭国家实验室二氧化碳信息分析中心、经济合作与发展组织（OECD）国际能源署（Internation Energy Agency，IEA）和联合国气候变化框架公约（UNFCCC）等机构提供的碳排放数据集在温室气体类型、数据集涵盖时间、数据集覆盖国家数量、数据来源以及计算方法上均有所差别。上述数据集中，联合国气候变化框架公约既包括土地利用、土地利用的变化和林业净排放量/吸收量的数量，也有不包括这三个变量的数量结合，其他数据集基本不包括土地利用变化和林业部门的排放数据。曲建升等（2008）对上述机构核算数据集进行了细致的比较研究[96]。本书选择其中三种数据集（EIA \ IEA \ CDIAC）对 1971—2010 年中国的碳排放进行核算，数据见图 3.1。通过图 3.1 可以看到，美国橡树岭国家实验室二氧化碳信息分析中心和美国能源信息管理局的数据集有较高的一致性，而国际能源署对中国碳排放总量的估算数据存在一定程度的偏高，且偏离具有加大的趋势。因此，后文涉及中国二氧化碳排放总量数据除特别说明以外，均采用稳定性相对较高的美国橡树岭国家实验室二氧化碳信息分析中心相关数据。

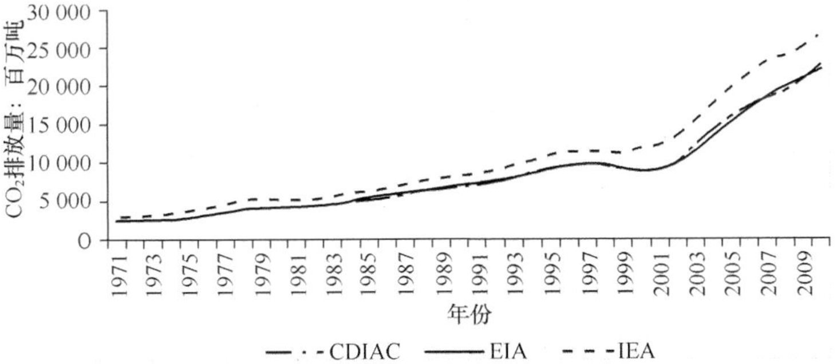

图 3.1　EIA \ IEA \ CDIAC 对中国 1971—2010 年二氧化碳排放估算结果比较

从碳排放的总量看，中国是最大碳排放国，但考虑到中国是发展中国家以及发展中国家工业化过程不可避免地高排放的事实①，从历史累积量角度考虑碳排放量更加符合气候变暖由温室气体浓度升高所致的原理，同时对于确定各国减排的责任更加公平及符合实际。1900—2010 年，中国二氧化碳排放量约占世界排放总量的 8.57%，这一比例明显低于美国（28.78%）、中欧（16.88%）、西欧（14.03%）等已完成工业化过程的国家和地区（见图 3.2）。

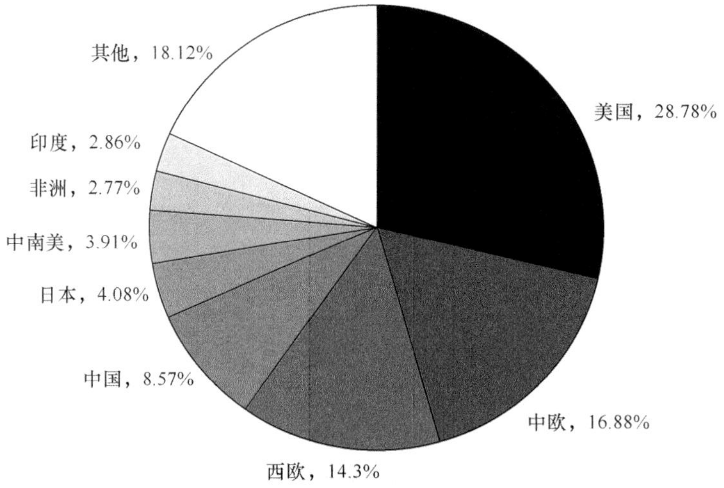

图 3.2　主要国家及地区碳排放历史累积排放份额（1900—2010 年）

考虑到中国人口基数大的事实，有必要从人均碳排放角度衡量中国的碳排放量大小并进行国际对比。中国人均碳排放明显低于主要发达国家及全球平均水平。2010 年，中国人均碳排放量为 1.68 吨碳/人，在全球各国人均碳排放量排序中处于第 63 位，美国人均碳排放量为 4.71 吨碳/人，澳大利亚为 4.57 吨碳/人，加拿大为 4 吨碳/人，俄罗斯为 3.32 吨碳/人，日本为 2.52 吨碳/人，而全球人均碳排放量为 2.47 吨碳/人。

从人均碳排放的整体趋势看，美国、加拿大、澳大利亚等工业化国家人均碳排放近 30 年来均稳定在 3.5 吨碳/人，而日本、俄罗斯、德国的人

① 事实上，美国 1860—1890 年、西欧 1870—1910 年、日本 1910—1940 年均曾经历了高排放的工业化时期，时至今日，美国的碳排放总量依然居高不下。

均碳排放则稳定在2～3吨碳/人。中国近10年来人均碳排放出现攀升趋势，但从人均碳排放的绝对量看，目前，中国的1.68吨碳/人远低于美国、加拿大、澳大利亚的稳定水平，离日本、俄罗斯、德国的稳定水平也有相当的距离（见图3.3），可以说，目前中国碳排放属于工业化初期的生存型排放，且在未来一段时期惯性式增长趋势难以扭转。近年来，印度逐渐步入快速增长的轨道之中，人均碳排放量亦随之迅速增加，但人均排放的绝对值目前还较低，不管是中国还是印度，发展中国家在自身努力减排的过程中，其发展权也需要得到世界的广泛尊重。

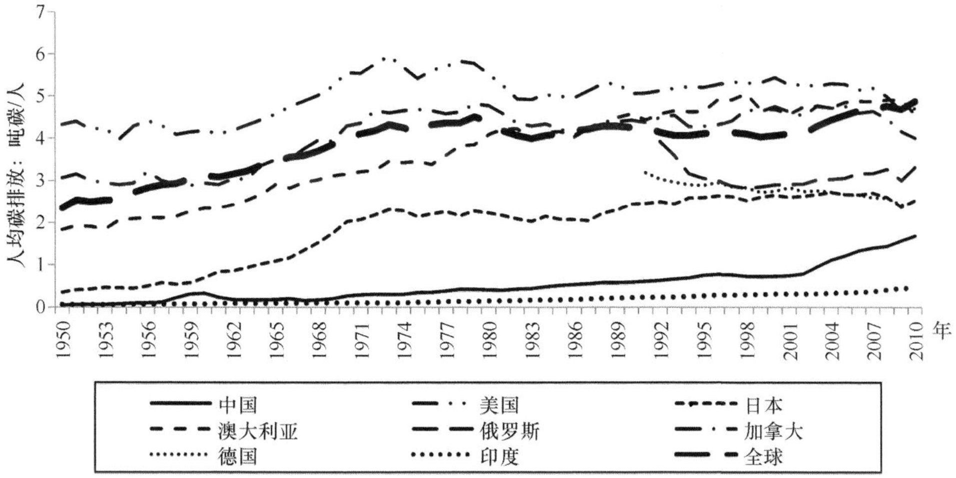

图3.3 部分国家人均碳排放（1950—2010年）

此外，从生产单位GDP的二氧化碳排放量即碳排放强度角度衡量中国碳排放，则可以考察中国能源利用效率以及节能减排技术变化情况。总体来说，中国碳排放强度较高，但下降速度较快。图3.4显示了全球及部分国家1950—2010年的碳排放强度。从图3.4可以看出，历史上，中国的碳排放强度出现两个攀峰时期：第一，“大跃进”时期（1957—1960年）。该时期的大炼钢铁导致碳排放强度急剧上升，1960年达到0.48千克碳/美元（1990年不变价），随后碳排放强度快速下降，到1967年达到阶段性低点，为0.23千克碳/美元。第二，“文化大革命”时期（1967—1978年）。这一时期由于人均GDP较低使得碳排放强度较高，1978年，中国碳排放强度达到另一个高点0.43千克碳/美元。1978年以后，中国碳排放强度稳步下降，到 2010 年碳排放强度为 0. 21 千克碳/美元，略高于全球平均水平（0. 17 千克碳/美元）。

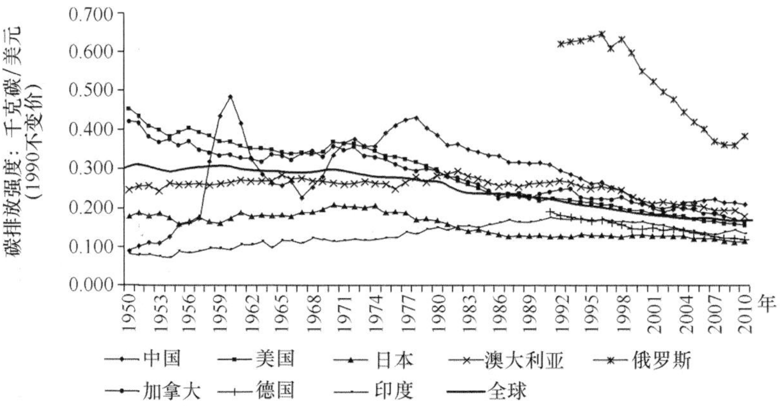

图 3. 4　全球及部分国家碳排放强度（1950—2010 年）

相对于其他国家，在碳排放强度方面，中国还有较大的改进空间，图 3. 4 显示，除俄罗斯碳排放强度显著高于其他国家及全球平均水平以外，1957—1960 年以及 1970 年以后的绝大部分年份，中国碳排放强度绝对值均高于其他国家及全球平均水平。但可喜的是，中国碳排放强度自 1978 年以后下降幅度非常快，1978—2010 年，中国碳排放强度下降幅度达到 50% 以上，在 2002 年更是非常接近各发达国家及全球平均水平，2003 年以后，碳排放强度出现小幅反弹，但近年来再次呈现下降趋势。

3. 1. 2　碳排放的区域分布状况

分析中国碳排放区域分布状态，国际上没有现成数据可供参考，中国也没有碳排放直接监测数据，只能依据国际上通行方法对中国省域的碳排放数据进行推算。在气候变化研究中的碳排放测算比较复杂，且缺乏官方统计数据，因此通行的一种做法是根据化石能源使用情况粗略估算碳排放量。由于组成一种能源的各种化石燃料的单位燃料产生的 CO_2 排放量不同，一种简化的估算方式是根据每种化石能源的消费量以及各种化石能源的单位能耗碳排放因子进行估算，估算公式如下：

$$CO_2 = \sum_{i=1}^{7} CO_{2,i} = \sum_{i=1}^{7} E_i \times \mathrm{NCV}_i \times \mathrm{CEF}_i \tag{3.1}$$

其中，CO_2 为估算的二氧化碳排放量；E_i 为各类化石能源（煤炭、天然气、焦炭、燃料油、汽油、煤油、柴油）的消耗量，NCV_i 为各类化石能源的平均低位发热量；CEF_i 为各类化石能源的碳排放系数（IPCC，2006），具体数值见表 3.1。

表 3.1　IPCC 计算方法中各指标及系数

燃料类型	煤炭	天然气	焦炭	燃料油	汽油	煤油	柴油
NCV（kj/kg）	20 908	38 931	28 931	41 816	43 070	43 070	42 652
CEF（kg/TJ）	95 333	56 100	56 100	77 400	70 000	71 500	74 100

资料来源：《中国能源统计年鉴》，IPCC（2006）。

根据上述方法估算的中国各省 1995—2009 年碳排放量如图 3.5 所示。为更加清晰地呈现各省区各年的碳排放量，本书将中国大陆地区 30 个省区[①]分为六个区域：①华北地区，包括北京、天津、河北、山西和内蒙古五个省市；②东北地区，包括辽宁、吉林、黑龙江三省；③东部地区，包括上海、江苏、浙江、安徽、福建、江西、山东七个省市；④中部地区，包括河南、湖北、湖南、广东、广西、海南六个省区；⑤西南地区，包括重庆、四川、贵州、云南四个省市；⑥西部地区，包括陕西、甘肃、青海、宁夏、新疆五个省区。

从图 3.5 可以看到，中国碳排放大省主要集中在华北地区、东北地区和中部地区，以 2009 年为例，碳排放在 4 亿吨以上的省份有：华北地区的河北省（5.56 亿吨）、内蒙古自治区（4.02 亿吨）；东部地区的江苏省（5.32 亿吨）、山东省（7.42 亿吨）；中部地区的河南省（4.84 亿吨）、广东省（4.47 亿吨）。碳排放在 3.4 亿吨左右的省份包括：华北地区的山西省（3.25 亿吨）；东北地区的辽宁省（3.84 亿吨）；东部地区的浙江省（3.57 亿吨）；西南地区的四川省（3.25 亿吨）。上述 10 个省区碳排放量占 2009 年 30 个省区碳排放总量的 60.28%。

1995—2009 年，中国 30 个省区碳排放总量增加了 158.49%，年均增长率为 6.54%。华北地区、东北地区、东部地区、中部地区、西南地区、西部地区的碳排放年均增长率分别为 5.49%，4.49%，7.53%，6.8%，

① 不含港澳台。由于西藏数据缺失，本书未包含西藏地区的碳排放量，此外，重庆 1996 年建立直辖市，1995 年重庆市碳排放量包含在四川省内。

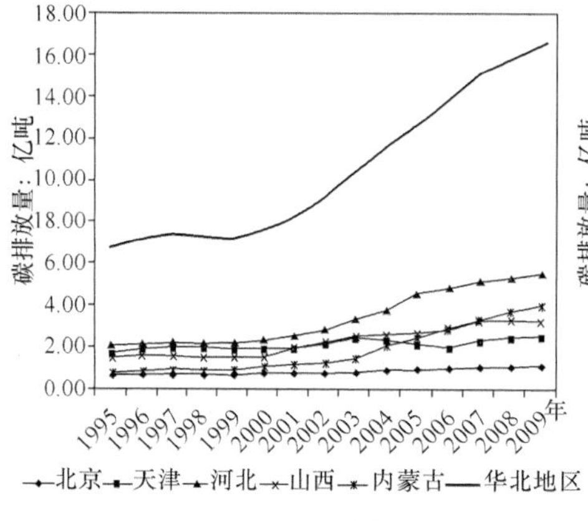

1.华北地区各省碳排放量

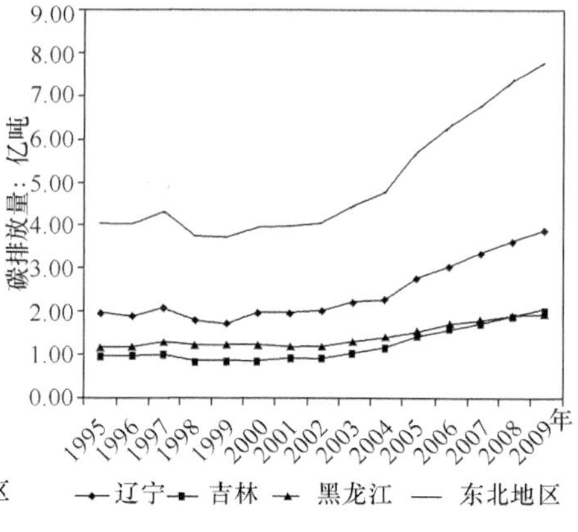

2.东北地区各省碳排放量

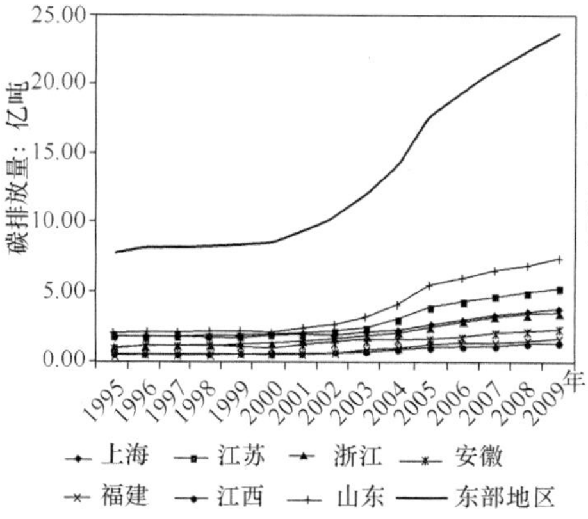

3.东部地区各省碳排放量

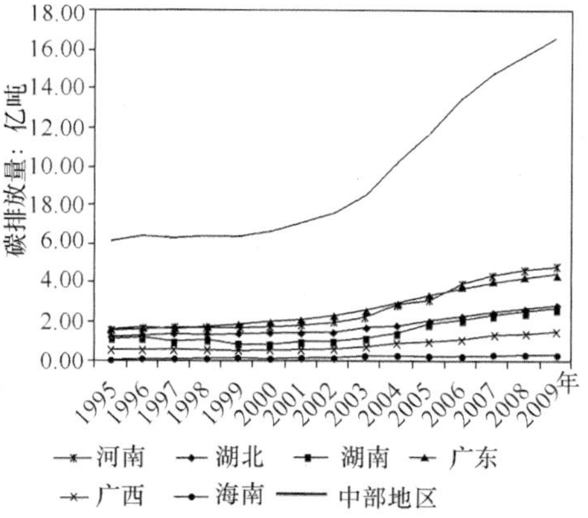

4.中部地区各省碳排放量

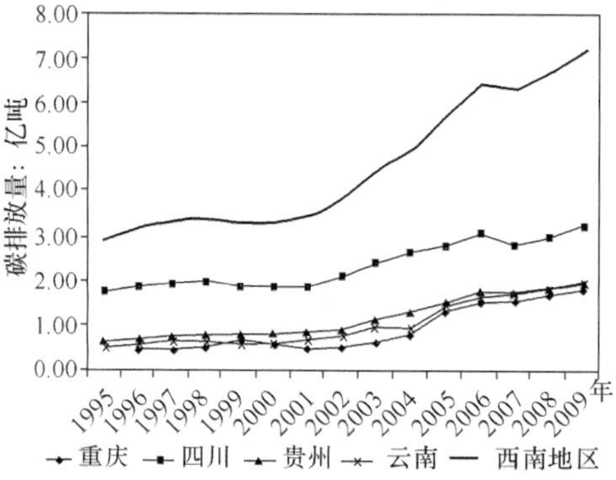

5.西南地区各省碳排放量

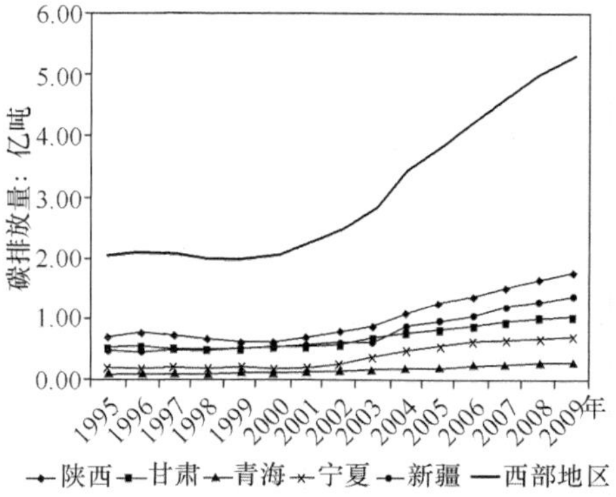

6.西部地区各省碳排放量

图 3.5 中国省域碳排放量（1995—2009 年）

6.11%，6.50%。1995—2009年，东部地区碳排放量增速最快，中部地区次之，东北地区增速最为缓慢。其中，内蒙古成为碳排放增速最快的省区，年均增速达到11.65%，河北、江苏、浙江、山东、河南和广东等工业大省的年均增长率分别为6.88%，7.14%，8.43%，8.96%，7.7%，6.96%，福建、海南、云南和宁夏等省区尽管碳排放增速也很快，但排放绝对值相对较小。因此，要着手控制中国碳排放总量，需要重点减缓河北、江苏、浙江、山东、河南和广东等工业大省的碳排放增长速度。另外，北京、天津、黑龙江等省市的碳排放增速较慢，尤其是天津，在15年中的碳排放增速甚至为负，北京和黑龙江的碳排放增速分别为3.48%和3.52%。

王铮等（2008）根据各省区不同能源结构计算出反映单位能源消耗所产生碳排放综合效应的平均碳排放系数（计算基础为1995—2006年分省域数据）[97]。下面从碳排放系数、人均排放量、碳排放强度角度对中国省域的碳排放进行比较分析。

从图3.6可以看出，平均碳排放系数最高的省区是山西省，其次为内蒙古自治区。此外，碳排放系数较高的省区还包括：河北、安徽、上海、江西和山东等省市。各省市平均碳排放系数的高低从某种程度上反映了该省区能源消费结构中清洁能源所占比重，山西省是燃煤大省，其煤炭消费量占能源消费总量的85%以上，因而，其平均碳排放系数最高。考虑平均碳排放系数后，山西、河北、河南、安徽和内蒙古等省区

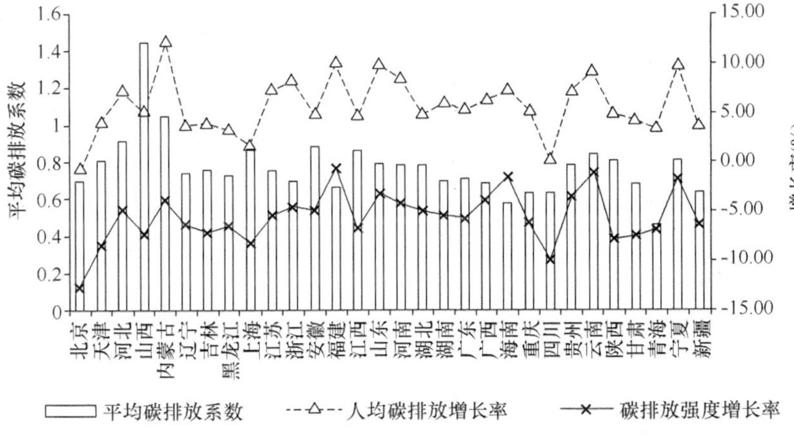

图3.6　平均碳排放系数、人均碳排放增长率与碳排放强度增长率

的碳排放总量有一定幅度的增加，山东和江苏两个碳排放大省则基本保持不变，广东、四川、浙江和辽宁等省区碳排放总量则有一定幅度的降低。

从人均碳排放增长率以及碳排放强度（单位GDP碳排放）增长率看，两者在省区内具有较强相关性，即人均碳排放增长率较高的省区，其碳排放强度的降低幅度越小，人均碳排放增长率较低的省区，其碳排放强度的降低幅度越大。人均碳排放增长率最高的省区是内蒙古，其人均碳排放年均增长率高达12.78%，此外，人均碳排放增长率较高的省区还有河北、山西、江苏、浙江、福建、山东、河南、云南、贵州和宁夏等省区。碳排放强度增长率越接近于0，表示其减排力度越小，能源利用效率越低，而碳排放强度增长率绝对值越大，表示减排力度越大，单位GDP碳排放降低幅度越大。图3.6显示，北京碳排放强度增长率为-12.81%，在各省区中碳排放强度降低幅度最大，这与中关村国家自主创新示范区低能耗的高新技术产业的迅速发展、园区的不断扩大及经济辐射能力的持续增强密切相关。除北京外，天津、上海、四川的碳排放强度降低幅度亦较大，碳排放强度增长率分别达到-8.35%，-8.31%，-9.90%。而碳排放强度降低幅度较小的省区包括福建、海南、云南和宁夏等省区。

3.1.3 碳排放的行业分布状况

全球范围内，电力、工业、交通部门的碳排放量占排放总量的60%~70%，由此可见，在各行业中，存在某些行业为碳排放密集部门。根据刘秀丽（2012）等的估算结果，在煤炭消费导致的二氧化碳排放中，电力、热力的生产与供应业的碳排放占比达到48.7%；而石油消费导致的二氧化碳排放中，石油加工、炼焦及核燃料加工业的碳排放占比达到51.7%，天然气消费导致的二氧化碳排放中，化学原料及化学制品制造业的碳排放占比达到33%[98]。在总的二氧化碳排放量中，排在前五位的产业部门及其占二氧化碳排放总量的比例分别是：电力、热力的生产和供应业（40.1%）；石油加工、炼焦及核燃料加工业（15.7%）；黑色金属冶炼及压延加工业（7.3%）；非金属矿物制品业（6.7%）；化学原料及化学制品制造业（6%）（见表3.2）。

表 3.2 2010 年煤炭、石油、天然气消费产生的碳排放的前五位行业

CO_2排放来源	碳排放排在前五位的行业	在各排放来源中的比重（%）
煤炭消费	电力、热力的生产和供应业	48.7
	黑色金属冶炼及压延加工业	8.9
	石油加工、炼焦及核燃料加工业	8.7
	非金属矿物制品业	7.7
	煤炭开采和洗选业	6
石油消费	石油加工、炼焦及核燃料加工业	51.7
	交通运输、仓储和邮政业	18.9
	化学原料及化学制品制造业	5.9
	农业	4
	其他服务业	4
天然气消费	化学原料及化学制品制造业	33
	石油和天然气开采业	17.8
	生活消费	17
	非金属矿物制品业	5.6
	石油加工、炼焦及核燃料加工业	4.2

数据来源：中国气候变化信息网。

行业碳排放既包括消耗能源的直接排放，又包括消耗中间投入品的间接排放。因而，行业碳排放量的测算需要从行业整个投入产出链加以全面考虑。根据投入产出表可以测算出行业完全碳排放量以及行业边际完全碳排放量，边际完全碳排放量表示第 N 个产业产出对其他 $N-1$ 个行业碳排放的影响程度，进而可以判断出哪些行业对于碳排放总量影响较大。中国部分行业的完全碳排放量及边际完全碳排放量（见图 3.7）从另一个角度反映出中国碳排放的行业分布状况。

从图 3.7 可以看出，中国碳排放密集行业主要有：电热能源业、石化行业、金属冶炼业和采掘业等产业链的中上游行业，这些行业是工业化进程中需求较大的行业，探索降低上述行业的碳排放强度的减排技术而非硬性削减上述行业的产值，对于中国实现工业化具有更加重要的意义。考虑行业进出口载碳量因素，中国部分行业总碳排放量为负，其中，以批发、零售和住宿、餐饮业及交通运输、仓储和邮政业最为明显，这两个行业的

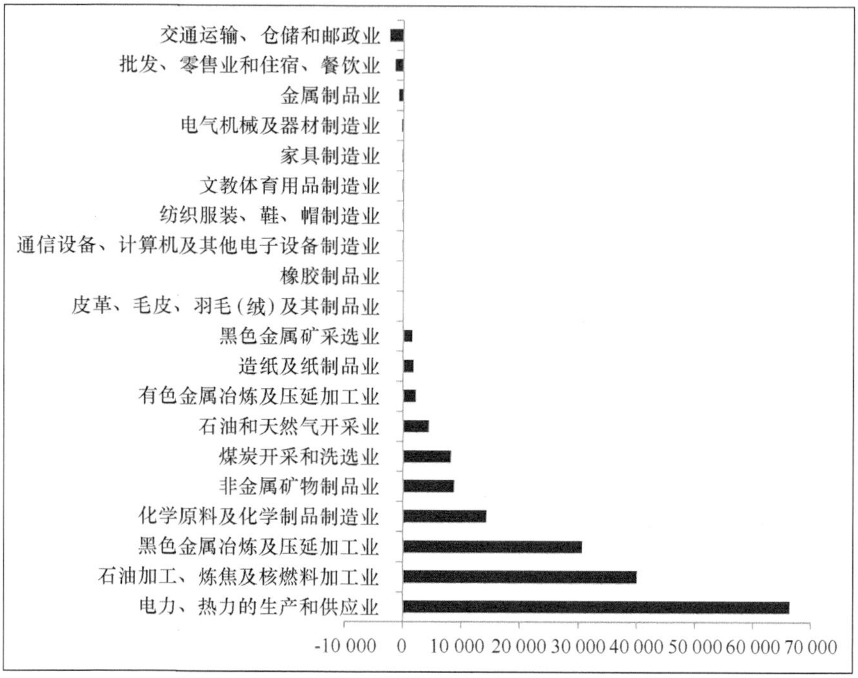

图 3.7　2007 年中国部分行业完全碳排放量（万吨）

数据来源：根据《中国统计年鉴（2007）》，《中国投入产出表》相关数据计算而得。

发展产生了较大量的碳转移。机械和设备、电子、纺织、家具制造业等行业碳排放也为负值，这是中国作为制造业大国的直接体现，此类产品的国际贸易也使得中国承担了其他国家本应承担的碳排放责任。

从边际碳排放角度看（图 3.8），电、热、燃气和水的生产供应业的边际完全排碳量最大，为 2.27 吨/ 万元；其次分别是石化业（2.05 吨/ 万元）、采掘业（1.75 吨/ 万元）、金属冶炼加工业（1.61 吨/ 万元）、装备制造业（1.34 吨/ 万元），其中，石化业中的医药制造业和石油天然气开采业的边际完全排碳量最小，分别为 1.11 吨/ 万元和 1.39 吨/ 万元；金属冶炼加工业中的有色金属冶炼加工业的边际完全排碳量为 1.22 吨/ 万元，比黑色金属冶炼加工业低 0.78 吨/ 万元；装备制造业中的通信设备、计算机及其他电子设备制造业的边际完全排碳量最小，仅为 0.6 吨/ 万元；第三产业中交通运输、仓储、邮政业的边际完全排碳量是批发、零售、住宿、餐饮业的两倍左右，为 1.78 吨/ 万元；纺织服装业和食品饮料制造业的边际完全排碳量较小，分别为 0.9 吨/ 万元和 0.5 吨/ 万元。

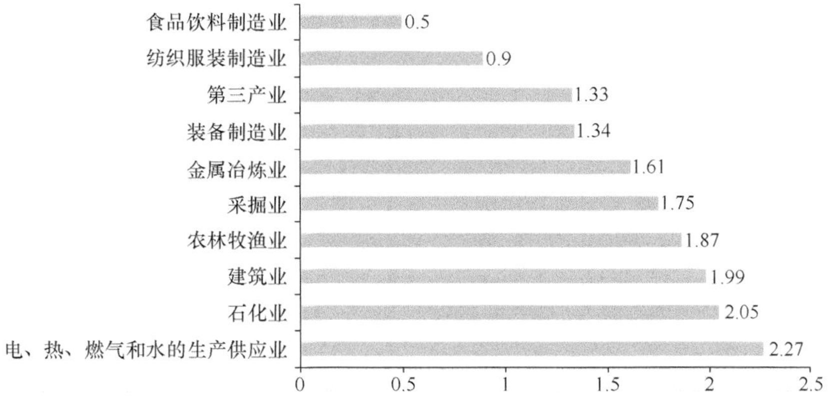

图 3.8　2007 年中国部分行业边际完全碳排放量（吨/万元）

综合以上分析，目前中国在碳排放方面存在三类行业：第一类是碳排放量与影响力都较大的行业，如电热生产供应业、煤炭开采业、石油化工业和黑色金属冶炼业等；第二类碳排放量较小但影响力较大的行业，如水生产供应业、仪器仪表及相关设备制造业，塑料、橡胶制品业，纺织业等；第三类是碳排放量大但影响力较小的行业，如石油、天然气开采业等，对于以上不同类别的行业，需要采用不同的政策加以控制和引导，以达到经济牺牲较小的前提下充分节能减排。

3.2　环境库兹涅茨曲线存在性的实证研究

环境库兹涅茨曲线（EKC）最初由格鲁斯曼和克鲁格（1991，1994，1995）提出，是研究经济发展与环境污染水平演进关系的计量模型，一般认为经济发展与环境污染水平呈倒“U”型关系。对于一个具体的国家来说，需要研究的几个问题是：①环境库兹涅茨曲线是否存在，韩玉军等（2009）认为，环境库兹涅茨曲线存在的一个前提假设是各国环境影响轨迹具有同质性，然而每个国家都有自己的独特国情，因而该假设未必适合所有国家[99]；②如果环境库兹涅茨曲线存在，如何根据相关数据估计环境库兹涅茨曲线转折点的具体数值，即脱钩点所在位置，成为研究经济发展与环境污染演替关系的核心问题；③环境库兹涅茨曲线存在是否意味着收入水平与环境质量存在必然联系，即是否为因果关系，张晓（1999）认为，环境库兹涅茨曲线及其脱钩点的估计仅是对经验数据的描述，并不能用于预测，环境质量改善不会自动发生，而是有赖于全社会环保意识的提高、环境政策的严格实施及技术进步的支持[100]。

在此本书仅考虑中国碳排放与经济发展是否存在环境库兹涅茨曲线，如果存在，那么脱钩点在何处？并对碳排放与经济发展是否为因果关系进行实证分析。方法上，本书先采用假设条件较少的非参数方法和假设条件较多的参数方法，并比较两种方法。数据上，本书选择1995—2009年30个省区的面板数据（不含港澳台及西藏），样本点总数为：15 × 30 = 450组。

3.2.1 非参数模型设计与实证分析

非参数回归相比参数回归而言，其回归函数形式不确定性较大，但拟合效果更好。非参数回归可以表示为：设 Y 是一维观测随机向量，X 是 m 维随机自变量，引进条件期望作为回归函数，即

$$g(X) = E(Y|X) \tag{3.2}$$

可以证明 $g(X)$ 使得误差平方和达到最小，即满足

$$E[Y - E(Y|X)]^2 = \min_L E[Y - L(X)]^2 \tag{3.3}$$

其中，L 是关于 X 的一切函数类，事实上，如果对拟合函数类 $L(X)$ 没有任何限制，完全可以使得误差平方和为0，但这样做没有实际意义，无益于我们抽象出数据中的规律。常见的非参数回归的方法包括核函数法、最近邻函数法、样条函数法和小波函数法等，上述方法均可视为关于 Y_i 的线性组合的某种权函数，即回归函数 $g(X)$ 的估计 $g_n(X)$ 可以表述为 $g_n(X) = \sum_{i=1}^{n} W_i(X)Y_i$, s. t. $W_i(X) \geqslant 0$, $\sum_{i=1}^{n} W_i(X) = 1$ 。本书采用核函数法，核函数法回归函数为：

$$Y = g(X) = \sum_{i=1}^{n} W_i(X)Y_i = \sum_{i=1}^{n} \frac{K(\frac{X - X_i}{a_n})}{\sum_{j=1}^{n} K(\frac{X - X_j}{a_n})} Y_i \tag{3.4}$$

根据碳排放与经济发展水平的关系，设定非参数计量模型为：

$$CE_{ij} = f(\text{GDPPC}_{ij}, \text{control}_{ij}) + \varepsilon_{ij} \tag{3.5}$$

其中，CE_{ij} 表示第 i 个省区、第 j 年的碳排放量，GDPPC_{ij} 表示第 i 个省区、第 j 年的人均 GDP，control_{ij} 是为提高模型解释力的控制变量，$f(\cdot)$ 为某一未知的光滑函数，ε_{ij} 为拟合残差。

从 CE - GDPPC 加入样条内插线的散点图（图 3.9）可以看到，中国各省区在碳排放和人均 GDP 方面具有异质性，因而环境库兹涅茨曲线的存

在必然具有多样性，通过单一的某个函数很难将所有数据较好地拟合，为此，需要考虑引入恰当的控制变量 $control_{ij}$ 以区分这种省区异质性。

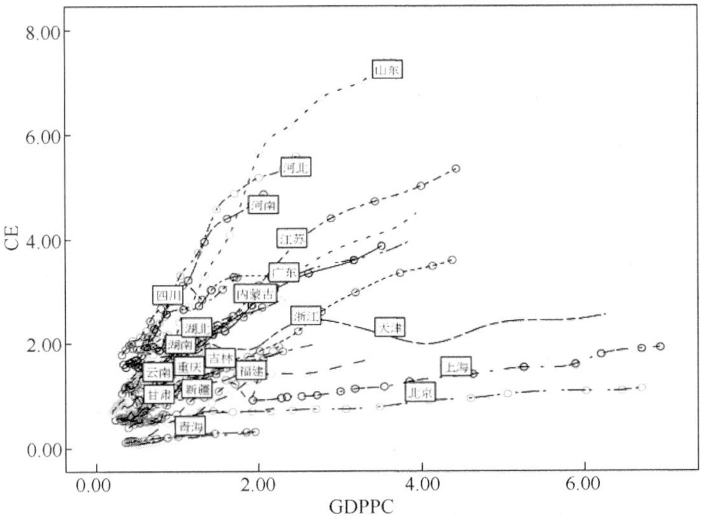

图 3.9 CE－GDPPC 的散点图（CE：亿吨碳，GDPPC：万元/人）

选择控制变量 $control_{ij}$ 以区分省区异质性因素，为此，本书引入 SLOPE 变量以度量碳排放/人均 GDP 的斜率，即 SLOPE = CE/GDPPC。并通过 SLOPE 变量对省区采用两步聚类法进行聚类，聚类的结果如表 3.3 所示，在图 3.10 中，数字 1，2，3，4 分别表示第一类至第四类。

表 3.3 使用 SLOPE 变量对省区两步聚类结果

类别	省区
第一类	安徽、河北、河南、山东、山西
第二类	湖北、湖南、江苏、辽宁、内蒙古、四川、贵州、广东
第三类	福建、黑龙江、吉林、江西、广西、新疆、云南、陕西、甘肃、浙江、重庆、天津
第四类	北京、海南、宁夏、青海、上海

通过上述聚类后的类别重新画出散点图（图 3.10），并通过比较后采用柯西函数作为核函数，通过图 3.10 可以看到，四个类别的区分对于模型的拟合具有明显的效果，每一个类别中散点分布更加具有规律性，拟合样

本点百分比取75%时，各类别的核函数拟合的效果较佳。

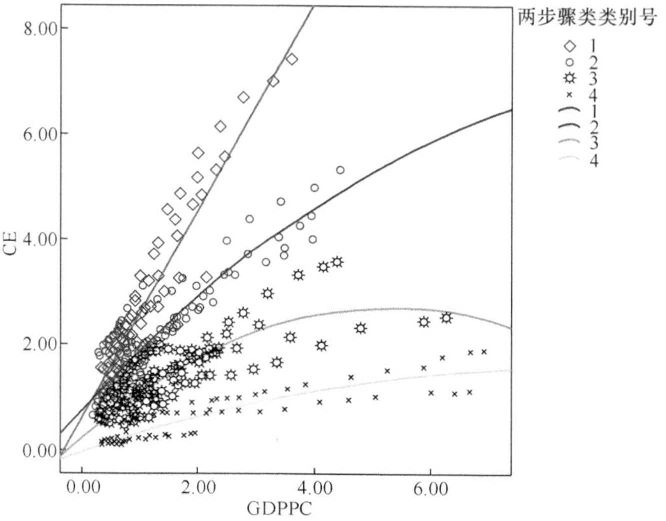

图3.10 两步聚类后CE－GDPPC散点图及柯西核函数拟合

图3.10表明：第一类具有最陡峭的CE－GDPPC斜率，表明这类省区每人生产单位GDP的排放量远高于其他类别的省区，且这一差别具有加大的趋势，因此，要将这一类粗放型增长的省区视为重点减排省区，但其中的安徽省属于总排放量相对较小而排放增速较快的省区。第二类省区每人生产单位GDP的排放量低于第一类省区，但排放量递增速度较快，基本都处于工业化进程中产业扩展阶段，因而，第二类省区属于减排的次重点省区，应促使这些省区加快经济转型，以避免进入第一类省区经济发展模式，如果不加以控制，前两类省区碳排放量在未来一段内将随着人均GDP的增长进一步呈线性增加趋势。第三类省区包括两部分，一部分是经济发展水平较高，但能源利用效率近年来有较大改进的省区，如福建、浙江、重庆和天津等；另一类则是经济发展水平较低但总排放量不大、排放增速相对较慢的东北、西部地区。总体来说，第三类地区逐渐呈现出环境库兹涅茨曲线的形态，表现为SLOPE斜率逐渐减小，有望在不久的将来进入碳排放的“水平维持期”。第四类省区具有最平缓的CE－GDPPC斜率，这类省区的每人生产单位GDP的碳排放量最低，可以说，这些省区已经基本进入碳排放的“水平维持期”，是四类省区中最有可能率先进入“脱钩下降期”的一类，其中北京、上海两个直辖市人均GDP相对较高的情况下，碳

排放增速不大，这与两个直辖市高新技术产业和高附加值产业的迅速发展，及高新技术产业占地区 GDP 比重不断增大有很大关系。而海南省则定位为国际旅游区，因而碳排放总量小、增速低，青海和宁夏则是由于三产业中农业比重较大，人均 GDP 相对较低，因而亦呈现碳排放总量小、增速低的特征，但这两个省区若进入工业化进程，则会出现脱离该轨迹，步入前三类排放轨迹的可能。

3.2.2　参数回归模型设计与实证分析

根据中国现有关于环境库兹涅茨曲线实证的相关文献，环境库兹涅茨曲线主要表现为倒“U”型及“N”型两种较规则型曲线，而从前文非参数回归分析部分可以看到，中国四类省区 CE－GDPPC 序列没有出现超出这两类曲线的更复杂的变化趋势，但由于各类省区的异质性使得四类省区不能用单一的函数进行拟合，而要分类分别拟合，为此，本节将参数模型设为线性、二次曲线、三次曲线对前述四类省区分别拟合。线性模型、二次曲线、三次曲线模型形式均可表示为式（3.7）。

$$CE_{ij} = \beta_0 + \beta_1 \mathrm{GDPPC}_{ij} + \beta_2 \mathrm{GDPPC}_{ij}^2 + \beta_3 \mathrm{GDPPC}_{ij}^3 + \varepsilon_{ij} \tag{3.7}$$

其中，CE_{ij} 表示第 i 个省区、第 j 年的碳排放量，GDPPC_{ij} 表示第 i 个省区、第 j 年的人均 GDP，β_0，β_1，β_2，β_3 均为待定参数，若 β_1，β_2，β_3 均显著不为 0，则式（3.7）表现为三次曲线，即呈现“N”型，若 β_3 显著为 0，而 β_1，β_2 显著不为 0，且 $\beta_2 < 0$，则呈现倒“U”型结构，$|\beta_2|$ 决定开口大小，该绝对值越小则开口越大，反之，开口越小；若 β_2，β_3 显著为 0，β_1 显著不为 0，则模型为线性。

图 3.11 显示了四类省区线性拟合、二次曲线拟合以及三次曲线拟合的情况，从拟合情况看，第一类、第二类地区目前呈现的是线性状态，二次、三次曲线的拟合线基本与线性拟合线重合，说明这两类地区目前还处于碳排放上升期，尚未进入“水平维持期”。第三类、第四类均呈现出碳排放下降趋势，即基本已经进入“水平维持期”（第四类），甚至是“脱钩下降期”（第三类），这与非参数拟合有一定区别。

表 3.4 列示了上述拟合模型拟合优度调整的 R^2、对应的 F 统计量、自由度及其显著性水平。从表 3.4 可以看出，四类省区均适合线性、二次曲线及三次曲线拟合，即所有的拟合 F 统计量均是显著的（显著性水平至少达到 0.001），但从调整的 R^2 看，第一类省区线性、二次、三次曲线的调整 R^2 越来越小；第二类省区二次、三次曲线拟合对调整 R^2 有所改善，但

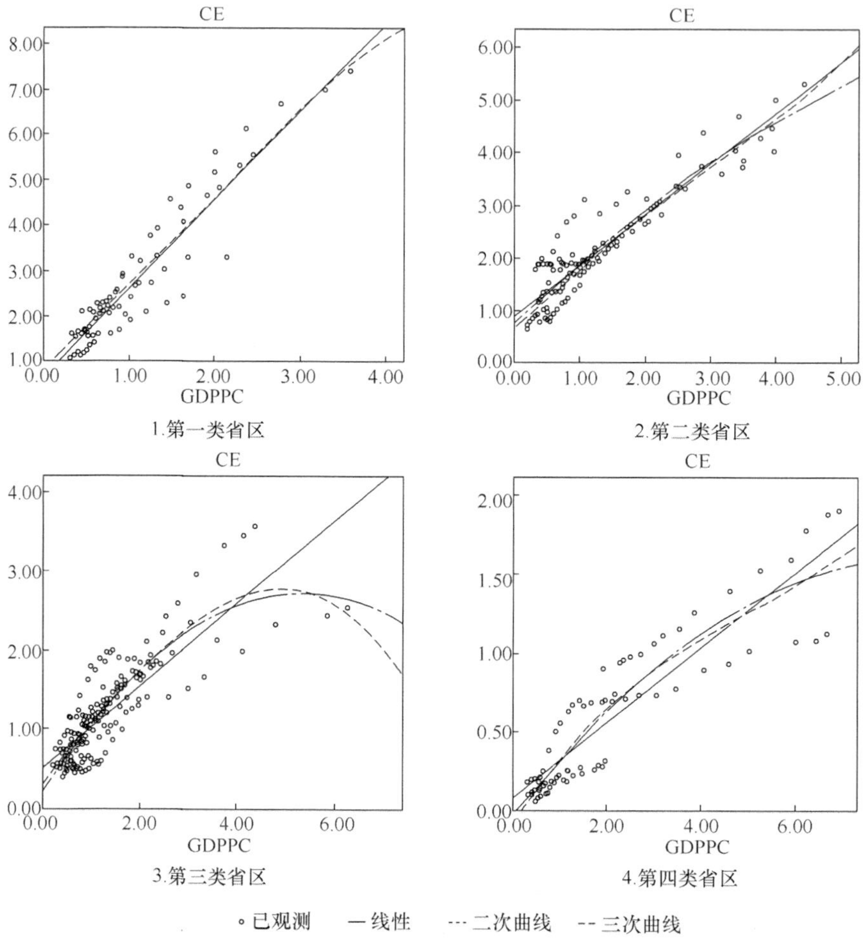

图 3.11 四类省区模型拟合情况

改善效果并不明显；第三类省区二次曲线对调整 R^2具有明显的改善，使得调整 R^2从线性模型的 0.702 达到 0.767，但三次曲线拟合对二次曲线拟合的改善作用不明显；第四类省区二次曲线对线性模型拟合优度有一定幅度的改善，三次曲线对二次曲线的改善作用不明显。这一结果与前文对散点图的分析结果具有一致性。由于多项式拟合的次数越高，自由度越低，因此，在二次曲线、三次曲线对调整 R^2没有明显改进作用时，将优先选择次数较低的模型，从而，对第一、第二类省区选择线性模型，而第三、第四类省区选择二次曲线模型。

表 3.4　模型拟合优度，F 值及显著性水平

省区类别	拟合模型	调整 R^2	F 值	自由度	显著性水平
第一类	线性	0.872	505.31	(1, 73)	0.000
	二次曲线	0.87	249.22	(2, 72)	0.000
	三次曲线	0.869	164.61	(3, 71)	0.000
第二类	线性	0.859	726.24	(1, 118)	0.000
	二次曲线	0.861	370.38	(2, 117)	0.000
	三次曲线	0.861	246.50	(3, 116)	0.000
第三类	线性	0.702	422.99	(1, 178)	0.000
	二次曲线	0.767	294.87	(2, 177)	0.000
	三次曲线	0.768	198.03	(3, 176)	0.000
第四类	线性	0.821	340.26	(1, 73)	0.000
	二次曲线	0.84	194.77	(2, 72)	0.000
	三次曲线	0.839	130.01	(3, 71)	0.000

事实上，根据回归系数的显著性检验，得到的结论与该分析是一致的，表 3.5 列示了回归系数及其显著性检验，可以看出除第四类的常数项回归系数不显著外，其他类别的模型系数均显著不为 0，此外，第三类、第四类省区二次曲线的二次项系数 β_2 均小于 0，可见二次曲线的开口向下，符合倒“U”型，第四类省区 β_2 的绝对值比第三类省区 β_2 的绝对值小，说明第四类省区开口更大。

表 3.5　回归系数，t 值及显著性水平

省区类别	拟合模型	回归系数		t 值	显著性水平
第一类	线性	β_0	0.635	22.479	0.000
		β_1	1.953	5.635	0.000
第二类	线性	β_0	0.878	26.949	0.000
		β_1	0.965	15.515	0.000
第三类	二次曲线	β_0	0.211	3.915	0.000
		β_1	0.939	14.951	0.000
		β_2	-0.088	-7.078	0.000
第四类	二次曲线	β_0	-0.04	-0.767	0.446
		β_1	0.373	8.109	0.000
		β_2	-0.021	-3.087	0.003

3.2.3　环境库兹涅茨曲线经济含义的阐释

前文分析中说明，中国第三类、第四类省区存在环境库兹涅茨曲线形态。那么环境库兹涅茨曲线到底具有什么样的经济含义呢？本小节尝试通过数学推导解释环境库兹涅茨曲线的经济含义。

假设碳排放与人均 GDP 具有环境库兹涅茨曲线关系，从而，关系式可写为：

$$CE = \beta_0 + \beta_1 \frac{\mathrm{GDP}}{P} + \beta_2 \left(\frac{\mathrm{GDP}}{P}\right)^2 \tag{3.8}$$

其中 CE 表示碳排放，GDP 为国内生产总值，P 表示人口数量（静态情况下为常数），式（3.8）两边同时除以 GDP，可得

$$\frac{CE}{\mathrm{GDP}} = \frac{\beta_0}{P}\frac{P}{\mathrm{GDP}} + \frac{\beta_1}{P} + \frac{\beta_2}{P}\frac{\mathrm{GDP}}{P} \tag{3.9}$$

式（3.9）中，$\frac{CE}{\mathrm{GDP}}$为碳排放强度，$\frac{\mathrm{GDP}}{P}$为人均 GDP，令$\frac{CE}{\mathrm{GDP}}$为 y，$\frac{\mathrm{GDP}}{P}$为 x，$\frac{\beta_0}{P}$，$\frac{\beta_1}{P}$，$\frac{\beta_1}{P}$分别为 r_0，r_1，r_2，从而式（3.9）可化简为：

$$y = r_0 \frac{1}{x} + r_1 + r_2 x \tag{3.10}$$

由于 y 表示碳排放强度，x 表示人均 GDP，均不可能为负数，因此，式（3.10）为双曲线在第一象限的部分并右移 r_1 个单位，其几何图如图 3.12 所示。

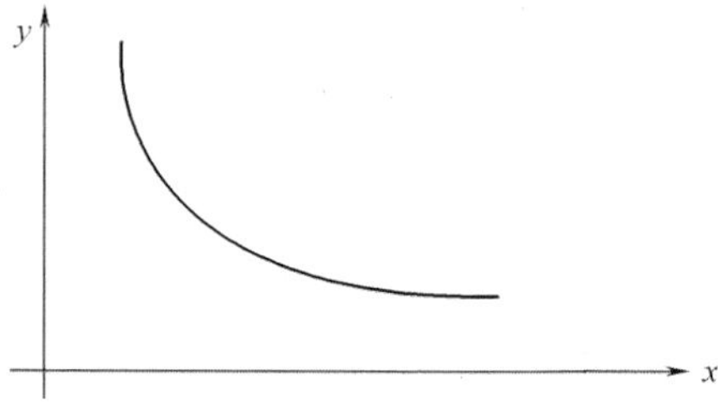

图 3.12　碳排放强度与人均 GDP 关系图

假定人均 GDP 生产具有柯布—道格拉斯生产函数形式，且资本、劳动力的规模报酬不变，即 $x = AK^{\alpha}L^{1-\alpha}$，在静态情况下，$K^{\alpha}L^{1-\alpha}$ 可视为常数（如截面数据比较），从而人均 GDP 正比于技术水平 A，因此，图 3.12 中

的 x 轴可以替换为技术水平 A ，而与碳排放强度相关的技术我们可以称之为减排技术，从而，可以得出结论：环境库兹涅茨曲线本质上是假设碳排放强度随着减排技术的进步逐渐降低，但降低的速率会先快后慢，而快速降低的阶段可以解读为某项关键性减排技术的开发与推广，如低排放新能源的普遍应用，可使得某国或地区碳排放强度急剧下降，而一旦某项关键性减排技术应用后，更多的减排技术或者更先进的减排技术也不可能让碳排放强度保持急剧下降阶段的下降速率，这个规律姑且称之为减排技术对减排边际作用的递减规律，这一规律的存在，使得倒“U”型环境库兹涅茨曲线更加符合实际。因此，本书认为，环境库兹涅茨曲线为倒“U”型是广泛存在的，但不排除个别国家在特殊时期的政策导致环境库兹涅茨曲线偏离，如部分学者根据时间序列实证分析得出中国碳排放与人均 GDP 呈现“N”型曲线的结论，一个重要的原因可能是部分年份某些不符合经济规律的政策被误用。

3.3 人均 GDP 与碳排放的非线性格兰杰因果检验

能否用环境库兹涅茨曲线对未来的碳排放进行预测是学术界争论的焦点之一。而一个变量对另一个变量的预测效果取决于两个变量相关程度以及这种相关的稳定性程度。时间序列的相关稳定性程度可以通过协整性检验完成，协整性是建立在某些假设随时间发展仍保持不变的基础上，若这些假设随时间发展发生变化，则原本具有协整关系的两个变量可能变为不具有协整关系。若两个变量存在因果关系，则使用原因变量预测结果变量的效果会更加可靠。前文分析人均 GDP 与碳排放在中国各类省区中部分存在线性相关关系，部分存在二次曲线关系，即倒“U”型关系，事实上，线性关系可能演化为二次曲线关系，二次曲线关系可能演化为三次曲线关系甚至更复杂的关系。可以认为，线性关系只是由于这些省区的碳排放尚未达到峰值，达到峰值后，则二次曲线关系就会呈现出来，若碳排放峰值多次出现，则二次曲线拟合将难以胜任，需要用三次甚至更高次数的曲线拟合。本书的观点是，人均 GDP 与碳排放的倒“U”型关系是一种“常态”，且具有明显的经济意义，线性关系是由于峰值尚未出现，“N”型曲线虽然客观存在，但更多是特定时期的特殊政策导致，不具有普适性。本小节利用全国时间序列数据验证两者是否存在因果关系。

3.3.1 因果关系概念辨析与格兰杰因果检验原理

因果关系是揭示客观世界中普遍联系着的事物具有先后相继、彼此制约的一对范畴。原因是指引起一定现象的现象，结果是指由于原因的作用而引起的现象。从定义看，因果关系强调两点：第一，因果关系是一种必然的联系，偶发性或阶段性关联不应当归属为因果关系。比如，洛伦茨（1963）提出的“蝴蝶效应”（Butterfly Effect）就不能归结为因果关系，只是一种偶发性关联，其成立的假设条件必然苛刻至极。第二，因果关系必须具有时间差，即原因发生在前，结果发生在后，时间先后顺序一般不能颠倒，因而，互为因果的说法从某种程度上是把两种现象说成一种现象，如“鸡生蛋，蛋孵鸡”，似乎是互为因果关系，实际上却是两件不同性质的现象。

要验证因果关系的存在，需要从以上两方面加以论证。客观世界存在一因一果、一因多果、多因一果和多因多果等多种形式的因果关系。考虑到验证思路上通常是以果寻因，因此，需要重点考虑一因一果与多因一果的情形，一因一果的验证相对简单，多因一果的验证则需要控制其他原因不会发生改变的情形，然而在社会经济系统中这是无法做到的。此外，自然社会界存在一些非质变事件，无法观测其因果关系，如“众人推墙倒”，众人推力为因，墙倒为果。然而，当推力没有达到一定的阈值时，我们观测不到“墙倒”的果，进而无法确定“众人推”与“墙倒”存在因果关系，这些事实都给因果检验带来了困难。

目前，大多数文献采用的线性因果关系检验方法是由格兰杰（C. W. J. Granger，1969）提出，并经西蒙（Simon，1972，1980）加以发展的格兰杰因果检验，其基本原理是：两个时间序列经济变量 X，Y 的格兰杰因果关系可以定义为，在包含了变量 X，Y 过去信息的条件下，对变量 Y 的预测效果要优于只单独由 Y 的过去信息对 Y 进行预测的效果，则认为变量 X 是引致变量 Y 的原因。最初的线性格兰杰因果检验的前提条件是时间序列必须具有平稳性，协整理论的发现，使得这一前提条件有所放松。格兰杰（1980）提出广义的格兰杰因果检验，即如果变量 X 的历史信息有助于预测变量 Y 未来的条件分布，则称变量 X 是 Y 的格兰杰原因。从分布角度刻画因果关系固然比均值刻画更加客观科学，但分布预测的难度较大，且没有必要，因而部分学者对方差和分位数上的格兰杰因果检验进行了探讨。从原理上看，格兰杰因果检验确实与因果关系的概念存在一定差异，也不能解释原因变量达到阈值方能观测到结果的因果现象。这也使不少学者质疑格兰杰因果检验是否是真正哲学意义上的因果关系，但格兰杰因果检验无疑是逼近哲学意义因果关系的一个好视角。

为了区分线性和非线性因果关系，贝克和布洛克（W. A. Brock, G. Baek, 1991, 1992）在序列间相关且单个序列独立同分布（i. i. d）的假设基础上，提出一个非参数统计方法检验非线性因果关系，此定义因果关系为：对于两个时间上弱相依的严平稳过程 X，Y，若 X 的滞后观测增量不能预测下一期的 Y，则 X 不是 Y 的格兰杰原因，其出发点是"X_t 的滞后观测靠近 X_s 的滞后观测"是否有助于增加事件"Y_t 靠近 Y_s"的概率[101,102]。具体做法是检验非线性因果关系之前，先拟合一个 VAR 模型，然后对 VAR 模型的残差项进行非线性格兰杰因果检验。西姆斯特拉和琼斯（C. Hiemstra, J. D. Jones, 1994）对这一非线性因果关系检验做了修改，放松了假设条件，允许单个序列具有暂时的弱相依关系，且发现在 VAR 模型误差项估计一致的条件下，检验统计量的大样本性质和有限样本性质有密切联系[103]。德科和潘琴科（Diks, Panchenko, 2006, 2007, 2008）发现，X 不是 Y 的格兰杰原因的原假设为真时，上述方法存在过度拒绝（Over - reject）情形，并提出一种改进过度拒绝风险的方法[104~107]。

西姆斯特拉和琼斯（Hiemstra, Jones）的两变量非线性格兰杰因果检验（H - J 检验）模型可以表示如下：

对于两个时间上弱相依的严平稳过程 X_t，Y_t，长度为 m 的 X_t 的阶数领先向量和表示长度为 L_x 的 X_t 的阶数滞后向量分别定义为：

$$X_t^m \equiv (X_t, X_{t+1}, \cdots, X_{t+m-1}), m = 1, 2\cdots, t = 1, 2, \cdots \tag{3.11}$$

$$X_{t-L_x}^{L_x} \equiv (X_{t-L_x}, X_{t-L_x}, \cdots, X_{t-1}), L_x = 1, 2, \cdots, t = L_x + 1, L_x + 2, \cdots \tag{3.12}$$

类似的，可以定义长度为 m 的领先向量 Y_t^m 和长度为 L_x 的滞后向量 $Y_{t-L_x}^{L_x}$，序列 $\{Y_t\}$ 不是序列 $\{X_t\}$ 严格的格兰杰原因的充分必要条件为：

$$\begin{aligned} &Pr(\|X_t^m - X_s^m\| < e \mid \|X_{t-L_x}^{L_x} - X_{s-L_x}^{L_x}\|) < e, \|Y_{t-L_y}^{L_y} - Y_{s-L_y}^{L_y}\| < e) \\ &= Pr(\|X_t^m - X_s^m\| < e \mid \|X_{t-L_x}^{L_x} - X_{s-L_x}^{L_x}\| < e) \end{aligned} \tag{3.13}$$

其中，$Pr(\cdot|\cdot)$ 表示条件概率，$\|\cdot\|$ 表示最大模，即对于任意两个向量 $X = (x_1, \cdots, x_n)$，$Y = (y_1, \cdots y_n)$，$\|X - Y\| = \max(|x_1 - y_1|, |x_2 - y_2|, \cdots, |x_n - y_n|)$，从而，非线性因果检验统计量为：

$$\sqrt{n}\left[\frac{C_1(m + L_x, L_y, e, n)}{C_2(L_x, L_y, e, n)} - \frac{C_3(m + L_x, e, n)}{C_4(L_x, e, n)}\right] \tag{3.14}$$

其中

$$C_1(m+L_x,L_y,e,n) \equiv \frac{2}{n(n-1)}\sum\sum_{t<s} I(x_{t-L_x}^{m+L_x},x_{s-L_x}^{m+L_x},e) \times I(y_{t-L_y}^{L_y},y_{s-L_y}^{L_y},e)$$

$$C_2(L_x,L_y,e,n) \equiv \frac{2}{n(n-1)}\sum\sum_{t<s} I(x_{t-L_x}^{L_x},x_{s-L_x}^{L_x},e) \times I(y_{t-L_y}^{L_y},y_{s-L_y}^{L_y},e)$$

$$C_3(m+L_x,e,n) \equiv \frac{2}{n(n-1)}\sum\sum_{t<s} I(x_{t-L_x}^{m+L_x},x_{s-L_x}^{m+L_x},e)$$

$$I(x,y,e) = \begin{cases} 0 & \text{if } \| x-y \| > e \\ 1 & \text{if } \| x-y \| \leqslant e \end{cases}$$

根据西姆斯特拉和琼斯（Hiemstra，Jones）的证明，式（3.14）具有性质：给定式（3.11）、式（3.12）、式（3.13）中的 m，L_x，L_y 并令 $e>0$，在 X_t，Y_t 均为严平稳、弱相依并且满足登克尔和凯勒（Denker，Keller）［γ］条件的假设下，若 $\{Y_t\}$ 不是 $\{X_t\}$ 严格的格兰杰原因，则定义的统计量［式（3.14）］近似服从 $[0,\sigma^2(m,L_x,L_y,e)]$。

3.3.2 非线性格兰杰因果检验实证分析

本章3.2节得到人均GDP与碳排放二次曲线关系具有普适性且经济含义明显的结论，因此，两者的因果关系使用1950—2010年全国数据（数据来源：碳排放—CDIAC、人均GDP—麦迪逊计划），采用德科和潘琴科（Diks，Panchenko，2006）改进的非线性格兰杰因果检验方法，运用Matlab软件进行实证。

从非线性格兰杰因果检验的步骤看，需要先对人均GDP和碳排放分别做向量自回归模型（VAR），然后将VAR模型的残差序列代入非线性格兰杰因果检验中［式（3.14）］进行检验，非线性格兰杰因果检验的零假设为：序列 $\{Y_t\}$ 不是 $\{X_t\}$ 严格的格兰杰原因，最后根据统计量值对应的P值决定是否拒绝原假设。

为拟合VAR模型，首先对二氧化碳排放总量（CE）和人均GDP（PY）进行平稳性检验，发现，CE 和 PY 都不是平稳序列，根据AIC准则可以确定最优滞后阶数为二阶，据此，拟合VAR模型为：

$$CE_t = 1.5971CE_{t-1} - 0.5645CE_{t-2} - 0.0046 + \varepsilon_{CE} \tag{3.15}$$

$$PY_t = 1.4177PY_{t-1} - 0.3579PY_{t-2} - 0.0029 + \varepsilon_{PY} \tag{3.16}$$

其中，ε_{CE} 和 ε_{PY} 为VAR模型的拟合残差（如图3.13所示）。

因此，对通过VAR过滤后的残差序列 ε_{CE} 和 ε_{PY} 进行非线性格兰杰因果检验，并根据德科和潘琴科（Diks，Panchenko，2006）的文献，确定最优窗宽为0.8，将最大滞后阶数设定为2，非线性格兰杰因果检验结果如表3.6所示。

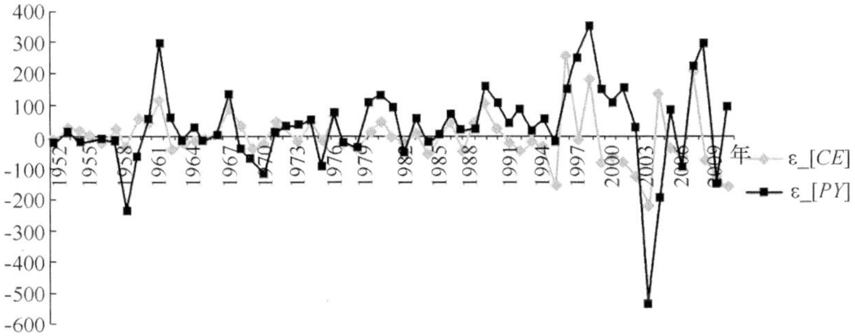

图 3.13　VAR 模型拟合残差序列趋势图

表 3.6　ε_{CE}和 ε_{PY}非线性格兰杰因果检验结果

原假设	lx = ly	T_n统计量值	P 值
CE 不是 *PY* 的格兰杰原因	1	1.768	0.085
	2	1.475	0.078
PY 不是 *CE* 的格兰杰原因	1	3.583	0.011
	2	3.296	0.008

取显著性水平为5%，表 3.6 的结果显示不能拒绝“*CE* 不是 *PY* 的格兰杰原因”，拒绝“*PY* 不是 *CE* 的格兰杰原因”。也就是说，人均 GDP 信息有助于预测碳排放总量的条件分布，但反过来则不成立。从经济学角度说，现阶段，中国提高人均 GDP 的过程必然伴随碳排放总量的增加，而碳排放总量的增加未必会导致人均 GDP 的提高。事实上，“大跃进”时期中国碳排放总量急剧增加而人均 GDP 则未能显著提高，主要是由于当时的发展过于集中在钢铁生产等高能耗产业，同时也导致产业结构失衡，反而对整体经济发展不利。而人均 GDP 是碳排放总量的非线性格兰杰原因，也为环境库兹涅茨曲线在中国的存在提供了一个依据。

3.4　本章小结

中国目前呈现的碳排放现状可以概括为四点。

第一，碳排放总量大，已经成为世界上第一大碳排放国。2010 年，中国碳排放总量达到 8 240.96 百万吨。

第二，碳排放总量增长速度快，但时间累积效应明显低于主要发达国家，1900—2010 年，中国 CO_2排放量约占世界排放总量的 8.57%，明显低于美国（28.78%）、中欧（16.88%）、西欧（14.03%）等已完成工业化的国家和地区。

第三，人均碳排放较低，且在未来将呈现进一步增长趋势。2010 年，中国人均碳排放量为 1.68 吨碳/人，在各国人均碳排放量排序中处于第 63 位，明显低于美国（4.71）、澳大利亚（4.57）、加拿大（4）、俄罗斯（3.32）、日本（2.52）以及全球平均水平（2.47）。

第四，碳排放强度较高，但下降速度较快。1978 年，中国碳排放强度达到另一个高点 0.43 千克碳/美元。1978 年以后，中国碳排放强度稳步下降，到 2010 年碳排放强度为 0.21 千克碳/美元，略高于全球平均水平（0.17 千克碳/美元）。

从高排放的地区和行业看，中国高排放总量 3 亿吨及以上的省区包括：河北、内蒙古、江苏、山东、河南、广东、山西、辽宁和浙江工业大省或资源大省，2009 年上述 9 个省区碳排放量占比为全国的 60.28%。碳排放增速较快的省区包括：内蒙古、河北、江苏、浙江、山东、河南和广东等。平均碳排放系数较高的省区包括：山西、内蒙古、河北、安徽、上海、江西和山东等省区。高排放行业包括：电力、热力生产和供应，石油加工、炼焦及核燃料加工，黑色金属冶炼及压延加工业，非金属矿物制品业，化学原料及化学制品制造业，等等。边际碳排放较大的行业包括：生产供应业（电、热、燃气和水）、石化业、采掘业、金属冶炼加工业和装备制造业。二氧化碳减排若能围绕重点地区的重点产业进行，以提高能源效率为主，以其他手段为辅，必将事半功倍。

能源与碳排放的关系主要取决于能源消费总量和平均碳排放系数，而平均碳排放系数与能源消费结构有着直接的关系。非参数方法和参数方法均显示碳排放与人均 GDP 的倒“U”型曲线的存在。通过两步聚类后的第三类省区和第四类省区存在明显的环境库兹涅茨曲线形态，而第一类省区则应当视为重点减排省区。在假定人口规模大体不变的情况下，可以通过数学推导得出环境库兹涅茨曲线存在本质上是假设碳排放强度随着减排技术的进步逐渐降低，但降低的速率会先快后慢，即减排技术的边际减排作用递减。

通过对 1950—2010 年的碳排放数据和人均 GDP 数据采用 D－P 检验发现，人均 GDP 与碳排放总量存在单向非线性格兰杰因果关系。即人均 GDP 是碳排放总量的非线性格兰杰原因，反之，不成立。这说明，现阶段中国的经济发展中，环境库兹涅茨曲线的存在具有一定程度的必然性，而环境库兹涅茨曲线脱钩点的存在可能是由于经济发展水平之外的其他因素所导致。

4　碳排放影响因素、模型构建及碳排放预测

对于中国绝大部分地区而言，经济发展水平对于碳排放量影响都是十分显著的，且这种影响具有非线性因果关系。然而，经济发展水平并不是影响碳排放量的唯一因素，通常能源结构、能源效率、经济结构、人口规模和技术水平等都是影响碳排放量的重要因素。本章首先从常用的碳排放影响因素分析方法入手，考察常规影响因素对中国碳排放量的影响与贡献，然后进一步拓展挖掘影响中国碳排放量的其他影响因素，并在此基础上，构建碳排放量的预测模型并对中国中长期碳排放量进行预测。

4.1　碳排放影响因素分解方法比较

目前，分析碳排放量影响因素的通行做法主要有三类（表4.1）：结构分解分析法（Structure Decomposition Analysis，SDA）、指数分解分析法（Index Decomposition Analysis，IDA）和计量模型分析法。结构分解技术是一种基于投入产出表静态分析方法，其核心思想是将待分解目标量的变动分解为若干影响因素的变动之和，进而衡量各影响因素对目标变量的贡献度；指数分解方法基本思路与结构分解方法没有本质区别，若待分解目标量可以分解为多个影响因素的乘积，则其变动就可以分解为这些因素的变动之和，从而可以分析出影响待分解目标量的主要因素；计量模型分析法则是将目标变量视为因变量，根据经验或文献资料确定一系列可能对因变量产生影响的自变量建立计量模型，并对目标变量的各种影响因素进行各种检验分析，计量模型构建后，根据模型相关参数确定各影响因素对目标量变动的贡献大小，甚至对目标变量进行控制、预测等[108~113]。

综合比较通用因素分解方法的优缺点，考虑研究目标所需，本书将采用指数分解方法中的对数平均迪氏指数法（Logarithmic Mean Divisia Index，LMDI）和计量模型分析法分析碳排放影响因素，以期在碳排放预测模型构建上更好地衔接。

表 4.1　碳排放影响因素分析常用方法对比

方法类别	分析基础	方法优缺点	代表性方法
结构分解分析法（SDA）	投入产出表，消耗系数矩阵	优点：理论基础明确，可全面分析各种直接和间接影响因素； 缺点：对数据要求高	单级分解法、两级分解法、完全加权分解法、平分交叉项分解法、Mon-gomery、MRCI 等
指数分解分析法（IDA）	产业部门加总数据，数据要求较低	优点：简便易行，便于时间序列分析和跨国比较； 缺点：不能分析间接影响因素	拉式分解（包括夏普利分解和费舍尔分解）和迪式分解（包括算术平均迪氏指数、对数平均迪氏指数等）
计量模型分析法	国家或跨国数据	优点：可实现碳排放的中短期预测； 缺点：模型好坏依赖于研究者的经验，具有一定的主观性	IPAT（一种通过人口、人均财富量和技术三个因素测度环境压力的著名公式）、STIRPAT（可拓展的随机性的环境影响评估模型）、协整理论、马尔科夫链和广义最小二乘法等

4.1.1　LMDI 因素分解模型

指数分解方法总体上可以分为拉式（Laspeyres）分解和迪氏（Divisia）分解两大类，迪氏分解方法是目前的主流分解方法，安格（Ang，1997，1998）最先将对数平均迪氏指数（LMDI）方法引入因素分解中，通过对 20 多年来的各种指数分解方法（拉式分解、改进拉式分解、算术平均迪氏分解等）进行比较研究后[114]，安格（1998，2001，2003）认为，对数平均迪氏指数（LMDI，目前有两个版本，LMDIⅠ和 LMDIⅡ，两者区别主要在于附加权重不同[115~117]，具有完全分解、易理解、适用性强、结果唯一、加乘法一致和可以处理零值数据等优点，不失为更“好”的一种分解方法[118]。总体上说，指数分解方法（IDA）指数分解的基本形式可以表示如下：

$V=\sum_i X_{1i}X_{2i}$，…，X_{ni}，V 表示待分解的目标量，本书中为碳排放量；X_{1i}，X_{2i}，…，X_{ni}表示 V 的 n 种影响因素，i 表示地域、产业门类或能源品种等相区别的指标。当时间序列数据为分解目标时，通常需要分析导致不同时期变化的影响因素。不妨令 $V^0=\sum_i X_{1i}^0 X_{2i}^0$，…，$X_{ni}$表示基期的值，令 $V^t=\sum_i X_{1i}^t X_{2i}^t$，…，$X_{ni}^t$表示第 t 期的值。从而，对应的碳排放总效应的乘法

分解和加法分解模式的形式如式（4.1）和式（4.2）

乘法形式：

$$D_{t0t} = V^t/V^0 = D_{X1} \times D_{X2},\cdots,\times D_{Xn} \times \varepsilon \tag{4.1}$$

加法形式：

$$\Delta V_{t0t} = V^t - V^0 = \Delta V_{X1} + \Delta V_{X2},\cdots,+\Delta V_{Xn} + \varepsilon \tag{4.2}$$

对于无法解释的残差部分 ε，需要通过附加权重的方式将其继续分解，尽可能消除其中的不可解释因素，附加权重方法的不同决定了计算 D 和 ΔV 的形式不一。拉式分解和算术平均迪氏分解都是不完全分解，会存在残差。对于跨国（区）比较问题来说，存在残差可能使得分解结果的解释变得更加困难。改进的拉式分解尽管是完全分解，但其计算的 D 和 ΔV 的项数完全取决于分解因素的多少，当分解的因素较多时，其分解显得过于复杂。LMDI 方法是完全分解，因而不存在残差 ε。具体来说：LMDI Ⅰ和Ⅱ分解确定权重的方法以及计算 D 和 ΔV 的公式如下：

LMDI Ⅰ 方法确定的权重为：$\dfrac{L(V_i^t,V_i^0)}{L(V^t,V^0)}$，其中 $L(a,b) = \begin{cases} \dfrac{a-b}{\ln a - \ln b} & a \neq b \\ a & a = b \end{cases}$，称之为两极数据 a 和 b 的对数平均数。从而，对应的乘法形式和加法形式分别为：

乘法形式效应：

$$D_{X_k} = \exp\left[\sum_i \frac{L(V_i^t,V_i^0)}{L(V^t,V^0)}\ln\left(\frac{X_{k,i}^t}{X_{k,i}^0}\right)\right] \tag{4.3}$$

加法形式效应：

$$\Delta V_{X_k} = \sum_i L(V_i^t,V_i^0)\ln\left(\frac{X_{k,i}^t}{X_{k,i}^0}\right) \tag{4.4}$$

无论是加法形式还是乘法形式，都是完全分解的（Ang，2008），且两种形式可以通过式（4.5）相互转换。

$$\frac{\Delta V_{X_k}}{\ln D_{X_k}} = L(V^t,V^0) = \frac{V^t - V^0}{\ln(V^t/V^0)} = \frac{\Delta V_{t0t}}{\ln D_{t0t}} \tag{4.5}$$

LMDI Ⅱ 方法附加的权重为：$\dfrac{L(w_i^t,w_i^0)}{\sum_j L(w_j^t,w_j^0)}$，同 LMDI Ⅰ $L(a,b) = \begin{cases} \dfrac{a-b}{\ln a - \ln b} & a \neq b \\ a & a = b \end{cases}$，而 $w_i^t = V_i^t/V^t$，$w_i^0 = V_i^0/V^0$，可见，LMDI Ⅰ和Ⅱ原理

上是一致的，其区别只在于权重形式不同，由于本书仅采用 LMDI Ⅰ方法的加法形式和乘法形式进行分解，因而对于 LMDI Ⅱ方法的各效应计算公式不再赘述。

具体到碳排放因素分解问题，首先需要确定将碳排放分解为哪些影响因素。事实上，由于研究目标和分析角度不同，以往文献在这个问题上没有形成统一做法，比较常见的是将碳排放分解为经济水平、能源结构、能源强度、排放强度和人口数量五个因素[119]，宋德勇等（2009）则采用“两阶段 LMDI 方法”[120]，引入产业结构对能源强度再次分解，从而将产业结构作为影响碳排放的因素之一。同时，引入产业结构作为影响碳排放因素的还有林伯强等（2009）、朱勤等（2009）、郭朝先（2010）等，而林伯强等（2010）将城市化水平引入因素分解方法，作为影响碳排放的另一因素；王峰等（2010）则引入 11 种影响因素[121~125]。由于 LMDI 分解是完全分解方法，因此，分解成多少个因素主要取决于事先确定的研究细化程度。本着构建间接模型和抓主要矛盾的思想，本书只选择排放强度、能源结构、能源强度、产业结构、经济水平和人口数量六种因素。具体分解模型如下：

$$C = \sum C_{ij} = \sum_{i=1}^{3}\sum_{j=1}^{3}\frac{C_{ij}}{E_{ij}}\frac{E_{ij}}{E_i}\frac{E_i}{Y_i}\frac{Y_i}{Y}\frac{Y}{P}P = \sum_{i=1}^{3}\sum_{j=1}^{3} r_{ij}n_{ij}e_i s_i aP \tag{4.6}$$

其中，i 表示产业（第一产业、第二产业、第三产业）①，j 表示能源种类②（煤炭、石油、天然气），C_{ij}表示第 i 产业第 j 种能源的碳排放量，E_{ij}表示第 i 产业第 j 种能源消费量，E_i 表示第 i 产业能源消费总量，Y_i 表示第 i 产业的 GDP，Y 表示 GDP，P 表示人口数量，r_{ij}表示第 i 产业中第 j 种能源的碳排放系数（排放强度），n_{ij}为第 i 产业第 j 种能源的消费比例（能源结构），e_i 表示第 i 产业的单位 GDP 产值的能耗（能源强度），s_i 表示第 i 产业 GDP 占 GDP 总量的比重（产业结构），a 表示人均 GDP（经济水平）。

根据式（4.1）、式（4.2），且考虑到各种能源的碳排放系数基本稳定不变，即 $D_r \approx 1$，$\Delta C_r \approx 0$，且碳排放系数测算难度较大，因此，对排放强度的分解从而总效应对应的乘法形式和加法形式分别为：

---

① 第一产业指农、林、牧、渔和水利业；第二产业包括制造业和建筑业；第三产业包括交通运输、仓储和邮政业，批发、零售、住宿和餐饮业，其他行业。

② 其他清洁能源，如水电、核电、风电和太阳能等不考虑。

$$D_{t0t} = D^t / D^0 = D_n \times D_e \times D_s \times D_a \times D_P \tag{4.7}$$

$$\Delta C_{t0t} = C^t - C^0 = \Delta C_n + \Delta C_e + \Delta C_s + \Delta C_a + \Delta C_P \tag{4.8}$$

进而，根据式（4.3）、式（4.4）可以确定 LMDI Ⅰ各因素在加法形式中的效应分别为：

能源结构效应：

$$\Delta C_n = \sum_{i=1}^{3} \sum_{j=1}^{3} L(C_{ij}^t, C_{ij}^{t-1}) \ln \frac{n_{ij}(t)}{n_{ij}(t-1)} \tag{4.9}$$

能源强度效应：

$$\Delta C_e = \sum_{i=1}^{3} \sum_{j=1}^{3} L(C_{ij}^t, C_{ij}^{t-1}) \ln \frac{e_i(t)}{e_i(t-1)} \tag{4.10}$$

产业结构效应：

$$\Delta C_s = \sum_{i=1}^{3} \sum_{j=1}^{3} L(C^t ij, C_{ij}^{t-1}) \ln \frac{s_i(t)}{s_i(t-1)} \tag{4.11}$$

经济水平效应：

$$\Delta C_a = \sum_{i=1}^{3} \sum_{j=1}^{3} L(C_{ij}^t, C_{ij}^{t-1}) \ln \frac{a(t)}{a(t-1)} \tag{4.12}$$

人口数量效应：

$$\Delta C_P = \sum_{i=1}^{3} \sum_{j=1}^{3} L(C_{ij}^t, C_{ij}^{t-1}) \ln \frac{P(t)}{P(t-1)} \tag{4.13}$$

同样，根据式（4.4）可以确定 LMDI Ⅰ各因素在乘法形式中的效应计算公式，不再赘述。

4.1.2　碳排放 LMDI 方法分解实证

为使用 LMDI 方法对中国 2000—2012 年碳排放数据进行分解实证分析，需要收集各年分产业的煤炭、石油、天然气消费量，并按照《2006 年 IPCC 国家温室气体清单指南》提供的折标系数和碳排放系数①将上述三种能源折算为标准煤（如表 4.2），测算二氧化碳排放总量数据并所有的数据，为满足完全分解，需要从测算的碳排放总量数据中扣减生活能源消费。此外，完全分解要求能源结构数据为仅考虑煤炭、石油、天然气三种化石一次能源的结构，不包括水电、核电、太阳能、风能和可再生能源。数据来源于：国家统计局公布的 2000—2012 年的年度数据，对于部分缺失

① 考虑到各种能源在不同年份碳排放系数变化率较小，且碳排放系数实际测度的技术困难，需要假定碳排放系数是稳定不变的。

数据采用倒挤方法进行确定。

表 4.2　各类化石能源的折标系数与碳排放系数

能源种类	折算标准煤系数（kg 标煤/kg）	碳排放系数（kg/kg 标煤）
煤炭	0.714 3	0.755 9
石油	1.428 6	0.585 7
天然气	1.33	0.448 3

注：天然气的折算标准煤系数单位为：kg 标准煤/立方米。

计算过程中，第一产业的石油和天然气消费存在某些年度消费量为零的情况，因而采用近似为 0 的极小正值进行替代，具体计算可以利用求极限的方式进行。当 $C_{ij}^{t} = C_{ij}^{t-1} = 0$ 时，无疑 $L(C^{t}, C^{t-1}) \ln \frac{u^{t}}{u^{t-1}} = 0$，当 $C_{ij}^{t} \neq C_{ij}^{t-1} = 0$ 时，即第 $t-1$ 年能源消费量为 0，而第 t 年的该产业该种能源消费量不为 0 时（如 2009—2010 年第一产业的天然气消费量），u 表示 n_{ij}，则有：

$$\lim_{\delta \to 0} \frac{C_{ij}^{t} - \delta}{\ln C_{ij}^{t} - \ln \delta} \ln \frac{u^{t}}{\delta} = \lim_{\delta \to 0} (C_{ij}^{t} - \delta) \times \frac{\ln u^{t} - \ln \delta}{\ln C_{ij}^{t} - \ln \delta} = C_{ij}^{t} \quad (4.14)$$

采用 LMDI Ⅰ 加法形式计算的中国 2000—2012 年各驱动因素对碳排放变动的影响结果如表 4.3 所示。若定义各因素对总效应的贡献度为式 (4.15)，则可以计算各年各因素对碳排放总效应的贡献度大小，各年各因素贡献度大小如图 4.1 所示。

$$\kappa_{n} = \frac{\Delta C_{n}}{\Delta C_{t0t}}, \kappa_{e} = \frac{\Delta C^{e}}{\Delta C_{t0t}}, \kappa_{s} = \frac{\Delta C_{s}}{\Delta C_{t0t}}, \kappa_{a} = \frac{\Delta C_{a}}{\Delta C_{t0t}}, \kappa_{P} = \frac{\Delta C_{P}}{C_{t0t}} \quad (4.15)$$

根据式（4.15）的贡献度计算作图 4.1，从图 4.1 可以看到，在 2000—2012 年，中国碳排放变化驱动的主要因素有两个，分别是排放强度效应、经济水平效应，而能源结构效应、产业结构效应以及人口数量效应均是次要原因。五种效应中，经济水平效应和人口数量效应始终是正效应，说明经济快速增长以及人口规模不断扩大导致中国近年来碳排放量不断增加；而排放强度效应则始终是负效应，说明中国近年来能源技术进步使得能源利用效率不断提高，从而推动碳排放强度不断降低；而能源结构效应和经济结构效应在正负方向上不具有确定性，这归因于中国近 10 多年来始终未能改变以煤炭消费为主的能源消费结构和推进速度比较缓慢的产业结构调整。

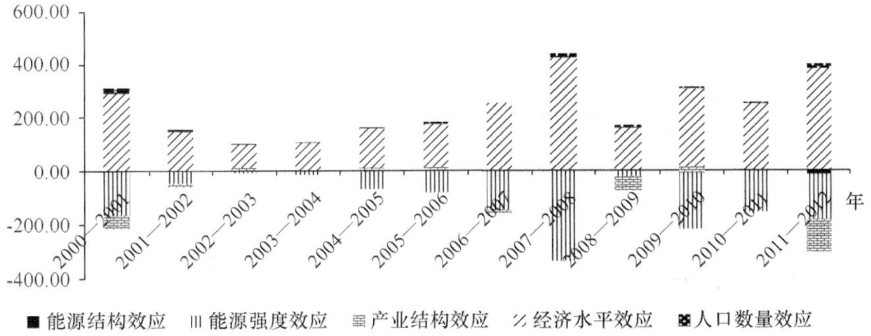

图 4.1 中国 2000—2012 年各因素对碳排放变动贡献度（%）

数据来源：国家统计局网站公布的年度数据，对于部分缺失数据采用了倒挤方法确定。

表 4.3 中国 2000—2012 年各驱动因素对碳排放影响计算结果

万吨 CO_2

年份	ΔC_{t0t}	ΔC_n	ΔC_e	ΔC_s	ΔC_a	ΔC_P
2000—2001	10 783.85	110.43	−17 559.07	−5 299.68	31 195.49	2 336.68
2001—2002	20 423.13	5.77	−9 337.54	−2 643.56	30 143.08	2 255.39
2002—2003	57 007.22	1 246.97	−1 066.28	9 685.28	44 798.23	2 343.02
2003—2004	68 260.33	11.10	−8 125.96	2 389.38	71 320.62	2 665.20
2004—2005	52 731.61	1 123.09	−35 031.21	11 944.02	71 673.87	3 021.84
2005—2006	52 110.10	261.80	−43 372.28	6 606.78	85 623.37	2 990.44
2006—2007	49 098.16	−492.35	−69 650.04	−7 534.44	123 594.84	3 180.15
2007—2008	25 053.22	−980.37	−83 616.33	1 412.90	104 938.47	3 298.56
2008—2009	32 222.67	−945.95	−5 823.78	−16 787.56	52 466.95	3 313.01
2009—2010	39 525.24	−2 663.90	−82 785.86	6 392.70	115 109.15	3 473.15
2010—2011	49 855.00	625.06	−78 038.48	−1 301.12	124 815.15	3 754.39
2011—2012	19 481.03	−2 185.49	−33 378.43	−22 952.81	73 869.25	4 128.51
2000—2006	261 316.23	2 759.15	−114 492.35	22 682.20	334 754.66	15 612.57
2006—2012	215 235.34	−6 643.00	−353 292.92	−40 770.34	594 793.82	21 147.77
2000—2012	476 551.57	−3 883.85	−467 785.27	−18 088.13	929 548.48	36 760.34

数据来源：国家统计局网站公布的年度数据，对于部分缺失数据采用倒挤方法确定。

表 4. 3 呈现了中国 2000—2012 年各驱动因素对碳排放变化影响的计算结果，从表 4. 3 可以发现四个事实。

第一，碳排放总量效应显示出 2000—2012 年存在两个碳排放增量极大值，一个极大值出现在 2003—2004 年，姑且称之为“自然峰值”；另一个极大值出现在 2010—2011 年，这一极大值的出现似乎使得中国环境库兹涅茨曲线为“N”型而非倒“U”型提供了证据，但结合 2011—2012 年碳排放增量骤降至新低的事实以及经济增长新常态的论断，基本可以判断第二个峰值为异常峰值点，不妨称该峰值点为“政策峰值”。本书认为，“政策峰值”点的存在不能改变倒“U”型碳排放曲线在中国成立的结论，未来若干年中国碳排放量的增长更多的是一种惯性式增长，何时出现“脱钩点”取决于正负效应的各因素贡献大小的综合作用。

第二，能源消费结构效应在 2000—2006 年基本为正效应，而 2006 年以后则基本为负效应（除 2010—2011 年外）。为此，本书做上述两个区段的划分，发现 2000—2006 年，能源消费结构效应导致中国增排二氧化碳 2 759. 15万吨，而 2006—2012 年导致中国减排二氧化碳达到 6 643 万吨，尽管减排量相对于排放总量来说并不大（仅相当于 6 年碳排放增量的 3%），但其意义却大不相同，减排量意味着能源消费结构效应已逐渐转化为驱动碳排放量减少的负效应因素，说明中国能源消费结构正逐渐摆脱以煤炭为主的能源消费结构，优质能源比重的上升为未来的二氧化碳减排提供了一个新的动力。鉴于完全分解的需要，此处尚未考虑非化石能源替代化石能源的结构性减排因素，若考虑这一因素，能源结构效应的负效应将更加凸显，能源结构效应将成为未来的二氧化碳减排不可忽视的一个重要因素。

第三，产业结构效应正负相间出现，似乎很难找出其中规律，但结合负效应出现的年份，不难发现，产业结构效应出现负效应的年份通常出现在经济危机前后，这是巧合还是一种必然？本书认为，经济危机的发生与社会是何种制度没有必然联系，而是与产品生命周期紧密相连，当社会上较多的主要产品处于生命周期的衰落期而企业短期无法推进二次创业寻求新的经济增长点时，经济危机便可能发生。经济危机的发生固然不是一件令人愉快的事情，但优胜劣汰是自然选择的必然结果，正视经济危机，将经济危机作为淘汰落后产能的契机，引导处于产品生命周期末期的企业积极二次创业，制定相应政策鼓励创新创业，大力推进产业结构转型更加符合长期发展的需要。从 2006 年开始，中国碳排放产业结构效应已经逐渐显示出负效应，2009—2010 年出现负效应再次转为正效应，这与遭遇经济危机后的政策强刺激有很大的关系。总而言之，中国产业结构效应类似能源结构效应，产业结构逐渐显现的负效应将使其成为中国未来二氧化碳减排的另一个重要因素。

第四，经济水平效应和人口数量效应作为两个明显正效应的因素也有所区别，经济水平效应是2000—2012年使中国碳排放增加的最主要因素，其带来的碳排放增量亦显示出与总效应一致的双峰迹象，而人口数量效应导致的碳排放增量显示出平缓的增长迹象。

采用LMDI方法对碳排放各影响因素分解分析，本书发现一些与以往研究不一样的新迹象：如碳排放增量总效应呈现“自然峰值”和“政策峰值”两个峰值，使得碳排放总量近12年中两次加速上升，但综合考虑，政策因素导致的碳排放增加趋势是一种短期影响，不具有持续性，因而不会改变环境库兹涅茨曲线在中国的存在性。正的经济水平效应和负的能源强度效应是影响中国碳排放增量的两种主要效应，人口数量效应是较次级的正效应，能源结构效应和产业结构效应逐渐从正效应转向负效应。尽管目前对碳排放增量的影响不大，但随着中国能源结构不断优化，产业不断升级，且考虑到此处的能源结构效应未包含可再生能源，事实上，可再生能源对碳减排的作用不容忽视，IPCC《可再生能源特别报告》指出，若得到恰当的公正政策支持，到2050年，可再生能源将满足全球80%的能源需求。因此，在未来的一段时期内，能源结构效应和产业结构效应对碳排放增量减少必将产生更加深远的影响。

4.2 碳排放影响因素STIRPAT拓展模型分析

鉴于前文LMDI分解没有考虑生活能源消费产生的碳排放以及能源结构中的可再生能源，且对碳排放相关指标不具有预测功能，因此，本节利用STIRPAT拓展模型对中国碳排放总量进行建模，以期建立具有预测功能的碳排放总量模型。

4.2.1 STIRPAT模型述评及改进

STIRPAT（stochastic impacts by regression on population，affluence and technology）模型是由迪茨和罗莎（Dietz，Rosa，1994，1997）基于IPAT恒等式（Ehrlich，Holdren，1971，1972）加入随机项改进而成[126~129]。埃利希和霍尔德伦（Ehrlich，Holdren，1971）提出的IPAT恒等式揭示了环境影响与人口规模、经济水平和技术水平的关系，即 $I = PAT$ ，其中，I 表

示环境影响（如碳排放），P，A，T 分别表示人口规模、人均财富和技术水平[129]。事实上，若用碳排放代表环境影响，经济水平用人均 GDP 表示，技术水平用单位 GDP 产生的碳排放表示，则 IPAT 等式恒成立，且与 Kaya 恒等式（Yoichi，Kaya，1989）原理上具有一致性[130]。IPAT 可用于分析影响碳排放的驱动因素，也便于预测碳排放总量、峰值等。然而，从 LMDI 分解结果看，能源结构效应和产业结构效应是存在的，尽管目前影响较小，但不应完全忽略其影响。IPAT 模型选取了影响碳排放量的几个最主要的因素，但经验数据实证中恒等式未必成立，因此，加进随机项的 STIRPAT 模型更加符合实际。

迪茨和罗莎（Dietz，Rosa，1994）提出的 STIRPAT 模型的基本形式如下：

$$I = aP^{b}A^{c}T^{d}e \tag{4.16}$$

求对数后可得：

$$\ln I = \ln a + b\ln P + c\ln A + d\ln T + \ln e \tag{4.17}$$

其中，I 表示碳排放总量，P，A，T 分别表示人口规模、人均 GDP、单位 GDP 生产的碳排放量（可以拆分为能源强度和排放强度，由于排放强度的变化可以忽略不计，因此该项主要取决于能源强度），a 为模型常数项，b，c，d 为碳排放各驱动因素的弹性系数，e 为随机误差项。当 $a=b=c=d=1$ 时，STIRPAT 模型即退化为 IPAT 模型。

从式（4.16）不难看出，STIRPAT 模型的优点有以下三点：一是自变量的设置基本涵盖了对碳排放总量有明显驱动作用的三个重要因素；二是随机误差项的加入使得模型相比 IPAT 模型更加符合现实实际；三是模型形式设定上采用指数形式，从而可以获得各驱动因素的弹性系数，由于 IPAT 模型是 STIRPAT 满足特定条件下的一种特殊形式，因此，STIRPAT 模型承袭了 IPAT 模型的理论基础。而 STIRPAT 模型可能存在的缺点包括：一是随着经济社会的发展，是否会出现除 P，A，T 之外的其他碳排放的重要驱动因素，使得随机误差项不再随机；二是 b，c，d（也就是各驱动因素的弹性系数）被假定为常数是否合适，是否具有变系数情况的存在，若存在，又是以何种形式存在的；三是 STIRPAT 模型自变量不一定是平稳序列，因此需要对各序列进行平稳性检验，若序列不平稳，则需要通过差分方法使得序列平稳。

事实上，发展 IPAT 模型中，瓦格纳和奥苏伯尔（Waggoner，Ausubel，2000）将单位 GDP 碳排放分解为单位 GDP 能耗量（C）和单位能耗产生的排放（T）进而提出 ImPACT 模型，从而将碳排放驱动因素确定为四个[131]；徐中民等（2005）赋予 m 管理意义，并加入社会发展（S），提出 ImPACTS 作为环境压力评价模型[132]；林伯强等（2009）引入了能源结构、产业结构，改进了 STIRPAT 模型；邵帅等（2010）则加入研发强度、能源效率、投资规模和劳动产出等众多驱动因素；而约克（York，2003）研究发现，人口规模弹性系数接近于 1，而人均 GDP 的弹性系数则是 0～1[133]；史（Shi，2003）等人发现不同收入水平人口规模的弹性系数不尽相等[134]。由此可见，前述 STIRPAT 模型的缺陷可能存在且有待进一步研究。

鉴于 LMDI 分解得出能源结构和产业结构将对中国未来的碳排放总量产生重要影响，因此，需要将能源消费结构、产业结构因素引入 STIRPAT 模型中，并将碳排放总量分析改为人均碳排放分析的 STIRPAT 模型（假定人口规模弹性为 1）为：

$$\ln PC = \ln a + b\ln A + c\ln T + d\ln S_e + e\ln S_i + \ln \epsilon \quad (4.18)$$

其中，PC 表示人均碳排放，A 表示人均 GDP，T 表示能源强度，S_e，S_i 分别表示能源消费结构和产业结构，能源消费结构用煤炭在能源消费总量中的占比表示，产业结构用二次产业占 GDP 的比重表示。

4.2.2 数据来源与处理

STIRPAT 模型中的碳排放数据来源于 CDIAC，其他数据来自于《中国统计年鉴》《中国能源统计年鉴》或根据相关数据计算而得。人均 GDP 采用 2005 年不变价，并采用购买力平价折算而成，选取的样本区间为 1978—2011 年。对因变量和自变量进行单位根检验，发现求对数后的所有序列均不平稳，存在序列自相关，做一阶差分后序列变为平稳序列。根据 Johansen 协整理论可知，一阶差分后，可以构建协整方程。

4.2.3 拟合结果与讨论

利用 Eviews 拟合出的 STIRPAT 模型发现产业结构系数不显著，不能通过 t 检验，剔除产业结构后，拟合模型为

$$\Delta\ln PC = \underset{(5.073)}{1.168}\Delta\ln A + \underset{(6.319)}{0.844}\Delta\ln T + \underset{(2.424)}{0.539}\Delta\ln S_e + \ln\varepsilon \quad (4.19)$$

括号内为 t 检验值，均在 95% 的置信水平下显著，模型的拟合优度较好，$R^2=0.855$，$F=18.993$，在 1% 的置信水平下显著。模型所有的系数均具有合理的经济意义，其中，人均 GDP 对中国人均碳排放影响最大，其

弹性系数为 1.168，这说明过去 30 多年中国经济增长对碳排放的贡献较大，而大于 1 的弹性系数也从侧面反映了中国过去粗放型增长的客观事实；其次为能源强度，能源强度弹性系数为 0.844，小于 1 的能源强度弹性系数说明中国能源强度虽然还有一定的下降潜力，但能源强度的下降所带来的减排效应难以抵消经济增长带来的增排效应。事实上，2014 年上半年能源强度下降 4.2%，创近 6 年来最好成绩，但仅依靠能源强度下降中短期仍无法扭转人均碳排放不断增加的惯性趋势；在考虑清洁能源的情况下，能源消费结构对人均碳排放也具有一定的影响，这与 LMDI 分解所得的结果有一些差异，主要原因在于 LMDI 分解中没有考虑到水电、核电、风电对化石能源的替代作用。此外，模型中产业结构对中国人均碳排放的影响并不显著，原因可以归结为两个方面：一是中国产业结构调整进程较慢，2000 年，中国第二产业占 GDP 的比重为 45.92%，到 2012 年该比重为 45.27%，可以说，中国在这段时期第二产业比重没有发生太大变化。二是产业结构演进所带来的碳减排一定程度上包含在能源强度中，能源强度的下降一方面由于能源利用效率提高所致；另一方面则由于三次产业各自的能源强度具有很大的差别，产业结构的变化导致综合能源强度发生变化。

4.3　碳排放预测

建立碳排放 STIRPAT 模型的主要目的在于使用该模型对中国未来的碳排放量进行预测，由于统计中的外推预测建立在未来趋势与过去和现在的趋势保持一致的前提上，因此做外推预测需要对未来做出相关的假设，尤其需要对于影响中国未来碳排放的潜在重要因素做出合理假设：一是预测期内不出现突发性政治因素使得碳排放发生突变；二是与新能源的发现与推广过程一致，预测期内水电、核电、风电等清洁能源对化石能源的替代是一个渐进平缓的过程；三是产业机构的演进由市场主导，遵循市场优胜劣汰规律。在以上三大假设前提下，后文采用情景分析法结合 STIRPAT 模型对中国未来碳排放做出合理预测。

4.3.1　情景分析的主要假设

由于 STIRPAT 模型中，自变量仅包括人均 GDP、能源强度、能源消费结构，而产业结构对过去和现在的人均碳排放量的影响不显著，但随着习近平总书记关于“充分发挥市场主体作用”“不唯 GDP 论英雄”“GDP 新常态”等论断的提出，未来中国将转向更加注重经济发展质量的增长方式，更加注重经济增长质量的方式将加快经济结构转型的步伐，而无论是第一产业还是第三产业的能源强度，都明显低于第二产业的能源强度，以2012年为例，第二产业能源强度为第一产业能源强度的8.5倍，是第三产业能源强度的4.5倍。因此，产业结构转型所带来的能源强度的变化在未来是不可忽视的，在预测中，将充分考虑未来产业结构变化因素对能源强度的影响。

除了本节前述的三个基本假设外，预测未来碳排放还需要对人口规模、GDP增长率、能源强度和能源消费结构等做出合理假设。

4.3.1.1　人口规模的假设

门可佩等（2008）、钱吴永等（2008）基于灰色理论对中国未来人口规模进行了预测[135,136]，其预测结果如表4.4所示。从预测结果看，钱吴永的预测稍高一些，门可佩的预测稍低一些，根据国家统计局网站公布的数据，2010年，2011年中国人口规模分别为13.41亿人，13.47亿人，与门可佩的预测结果均较为接近（2010年13.40亿人，2011年13.46亿人），真实数据略高于预测数据，且差距有加大的趋势，考虑2014年“单独二胎”政策的全面实施，中国未来人口出生率将有一定幅度的提升，因此，采用加权平均的方式作为本书的假设条件，根据2008—2013年真实数据校正以确定最佳权数，加权最佳权数为门可佩预测（0.9），钱吴永预测（0.1），2010年加权平均结果与国家统计局公布的真实数据一致。

表4.4　预测方法　　亿人

年份	2010	2015	2020	2025	2030	2035	2040	2045	2050
门可佩等	13.40	13.68	13.92	14.12	14.28	14.42	14.54	14.64	14.72
钱吴永等	13.48	13.89	14.32	14.54	14.76	14.95	15.12	15.26	15.38
加权平均	13.41	13.70	13.96	14.16	14.33	14.47	14.60	14.70	14.79

4.3.1.2　GDP增长率的假设

参考李善同等（2007）、王小鲁等（2009）、林伯强等（2010）对中国未来GDP增长速度的研究[137-139]，并结合“GDP新常态”的论断；考虑随着经济逐渐转型，投资和贸易驱动经济增长的贡献度将逐渐减小，主要依赖于内需拉动的经济增长将使中国未来经济增长率逐渐向内生增长率趋近，综合以上因素，对中国2010—2050年的GDP增长率假设如表4.5所示。

表 4.5 GDP 增长率假设 %

年	2010—2015	2016—2020	2021—2025	2026—2030	2031—2035	2036—2040	2041—2045	2046—2050
较低情景	7.5	7	6.5	6	5.5	5	4.5	4
基准情景	8	7.5	7	6.5	6	5.5	5	4.5
较高情景	8.5	8	7.5	7	6.5	6	5.5	5

4.3.1.3 能源强度的假设

关于能源强度的变化趋势，本书 3.2.3 小节论证了能源强度是人均 GDP 的双曲函数的一部分，因此对能源强度的假设可以依据式（3.10）以及人口规模和 GDP 增长率的假定拟合确定，采用 IEA2013 年公布的中国 1971—2011 年采用购买力平价折算的人均 GDP（千美元/人）和能源强度（吨标准煤/千美元）以及拟合结果为：

$$y = 17.264\frac{1}{x} + 11.384 - 0.108x \qquad (4.20)$$

$$(23.603) \quad (8.586) \quad (-2.177)$$

其中，y 表示碳排放强度，x 表示人均 GDP，括号内数字为回归系数的 t 检验值，包括常数项在内的所有回归系数在 5% 的水平下显著。回归方程拟合优度达到 0.975，回归方程的 F 值为 756.32，P 值接近于 0。从回归标准化残差的直方图和标准 P－P 图看，直方图显示标准化残差近似正态分布，而 P－P 图显示标准化残差围绕在对角线附近波动，但残差序列带有一定的周期性，这可能与经济周期以及规律化的政策刺激有一定关系（见图 4.2）。

根据式（4.20）以及 GDP 增长率的三种假设情景，可以对应预测出 2010—2050 年中国能源强度的三种情景，预测的具体数值如表 4.6 所示。

表 4.6 三种情景下人均 GDP、能源强度预测结果

年		2010	2015	2020	2025	2030	2035	2040	2045	2050
人均 GDP	较低	7.03	10.09	14.15	18.94	25.34	32.34	41.28	50.22	61.10
	基准	7.03	10.33	14.82	20.79	28.49	38.12	49.82	63.59	79.24
	较高	7.03	10.57	15.53	22.29	31.26	42.83	57.32	74.91	95.61
能源强度	较低	13.04	11.97	11.04	10.21	9.29	8.39	7.31	6.27	5.03
	基准	13.04	11.90	10.91	9.93	8.88	7.68	6.31	4.75	3.01
	较高	13.04	11.84	10.78	9.72	8.52	7.13	5.46	3.49	1.20

注：人均 GDP 单位为千美元，能源强度单位为吨标准煤/千美元。

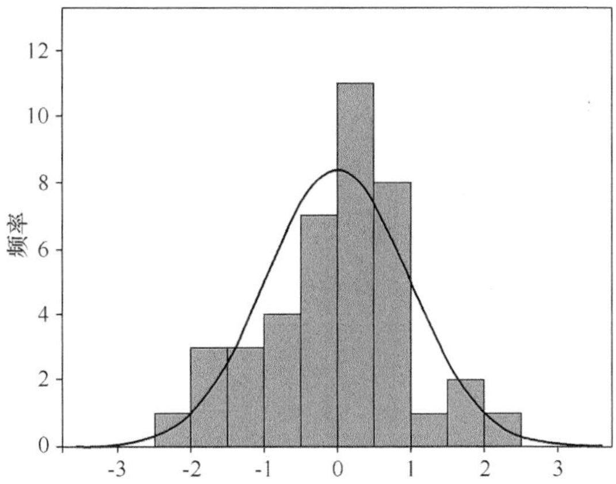

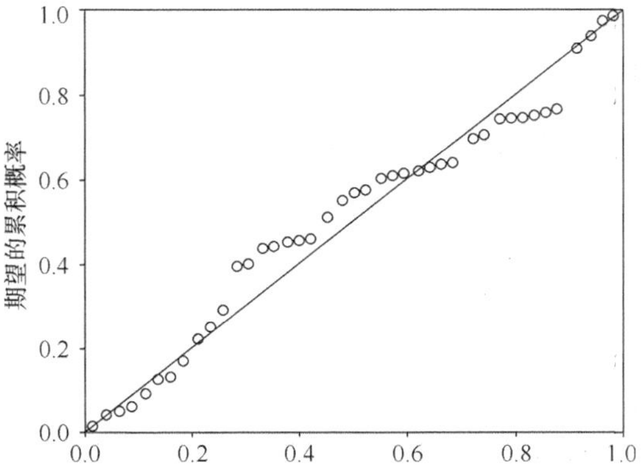

图 4.2 标准化残差的直方图（上）与标准 P－P 图（下）

4.3.1.4 能源消费结构的假设

对于能源消费结构的预测考虑到受中国资源禀赋制约，以煤炭为主的能源消费结构的转变需要一个较长的时期，但随着近年来风电等新能源的崛起，未来 20 年将迎来新能源发展的良好机遇期，参考管卫华等（2006）采用工程动力学模型对中国能源消费结构变动规律的研究[140]，对中国未来煤炭消费结构预测结果如表 4.7 所示。

表 4.7 中国未来煤炭消费结构预测结果

年	2010	2015	2020	2025	2030	2035	2040	2045	2050
煤炭消费结构	0.683	0.654	0.618	0.545	0.496	0.458	0.414	0.385	0.332

4.3.2 预测结果与讨论

根据式（4.19）以及前述的主要假设，可以得到中国未来碳排放增量以及碳排放总量的预测结果，如表 4.8 所示。

表 4.8 碳排放增量与碳排放总量预测结果 百万吨

年		2010	2015	2020	2025	2030	2035	2040	2045	2050
碳排放增量	较低	—	1 900	1 877	1 741	1 767	1 691	1 637	1 561	1 426
	基准	—	1 943	1 918	1 815	1 791	1 723	1 601	1 479	1 201
	较高	—	1 987	1 961	1 849	1 809	1 723	1 551	1 324	737
碳排放总量	较低	—	10 140	12 017	13 758	15 525	17 216	18 853	20 415	21 840
	基准	8 240	10 183	12 101	13 916	15 707	17 430	19 031	20 510	21 712
	较高	—	10 227	12 188	14 037	15 846	17 569	19 121	20 445	21 182

为了更加清晰地呈现中国未来碳排放走势，将三种情景下中国碳排放增量和碳排放总量做出趋势图（图4.3）。从碳排放增量图（上图）可以看出，尽管2015—2035年，中国碳排放增量将呈现出递减趋势，但是递减速度比较慢，而到2040年前后，递减的速率出现加快迹象，尤其是在较高增长情景模式中，在2045—2050年，碳排放增量将出现较大幅度的下降，说明这一期间能源强度降低和能源消费结构优化所带来的减排效应将逐渐发挥主要作用，而经济增长所带来的增排效应将变得相对次要，但是，碳排放增量仍然大于零，因此，碳排放总量还会呈现惯性增加的趋势。从碳排放的总量趋势图（下图）可以发现，到2050年前后，中国碳排放总量将达到210亿~220亿吨，约为2010年（82.4亿吨）的2.55~2.67倍。

林伯强（2009）研究发现，中国环境库兹涅茨曲线拐点在2040年还没有出现；本书的预测发现，不仅2040年碳排放拐点不能出现，甚至到2050年尚难言碳排放拐点。然而，按照环境库兹涅茨曲线理论，发达国家环境库兹涅茨曲线拐点将出现在人均GDP达到31 235美元，而发展中国家环境库兹涅茨曲线拐点出现在人均GDP为24 517美元，中国作为发展中国家，2010年人均GDP按照购买力平价计算约为7 000美元，不到环境库兹涅茨曲线拐点人均GDP的1/3。但是，即使按照较低情景的经济增长速度，在2030年之前中国人均GDP也将达到24 517美元以上，为何到

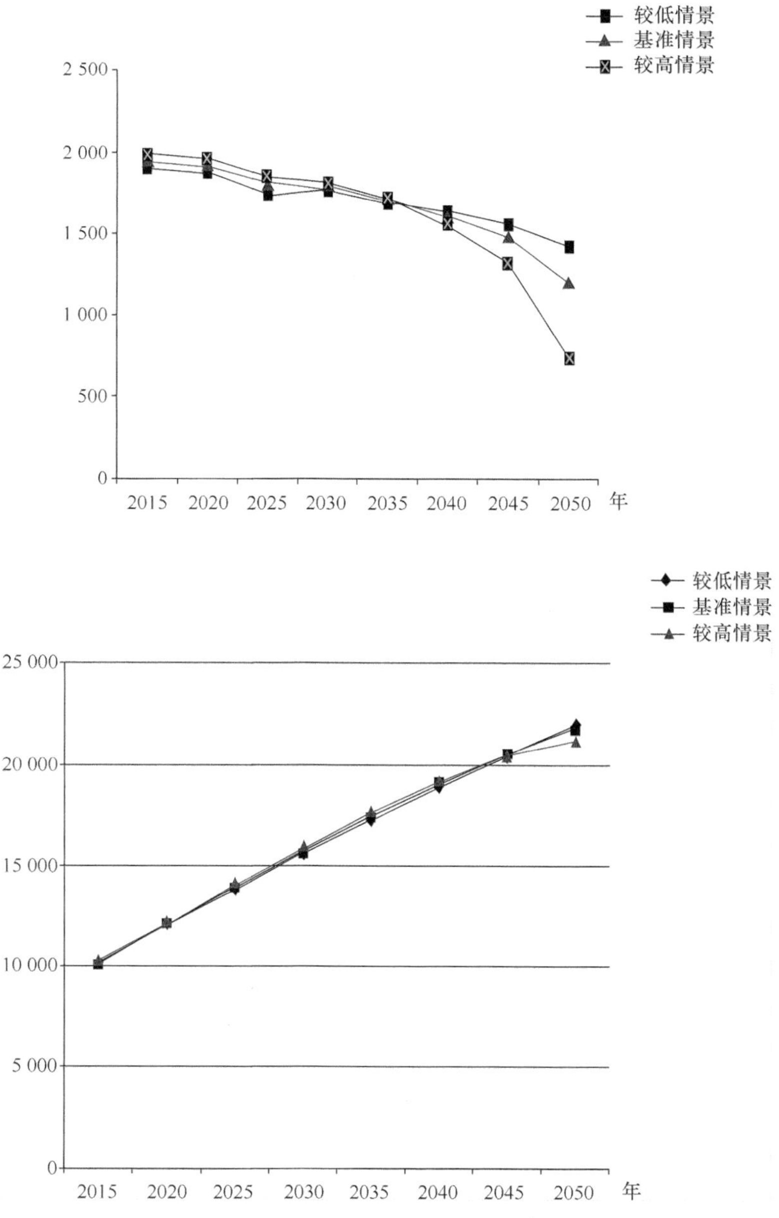

图 4.3　碳排放增量（上）和碳排放总量（下）预测趋势图

2050 年，中国人均 GDP 达到 61 000 美元时拐点还未出现呢？

本书认为，中国环境库兹涅茨曲线拐点出现较晚的主要原因有三个：一是中国人口基数大，使得人口规模在较长时期内不会出现下降趋势，而人均碳排放过去40年来始终保持稳步上升的趋势，即使未来40年人均碳排放保持现在的数值不变（考虑到中国农村人口仍占较大比重，实际人均碳排放还将呈现上升趋势），人口规模的增加使得碳排放总量也会一直增加。二是受资源禀赋制约，煤炭作为中国的主要消费能源的事实难以在短期内得到改变，而煤炭的能源效率低、排放率高，是碳排放量居高难下的重要原因之一。三是由于中国是一个占世界人口1/6以上的人口大国，因此，绝大多数工业产品需要立足于自给基础上才能取得长久发展，因此，在经济结构中，第二产业在三次产业中比重的下界阈值必然高于绝大部分国家，换句话说，中国若出现产业空洞化，其所带来的危害远高于其他国家。

4.4 本章小结

通过IDA分解中的LMDI方法对中国2000—2012年生产中的碳排放进行因素分解，然后通过STIRPAT拓展模型对中国1978—2011年碳排放总量进行因素分解，并基于STIRPAT模型建立碳排放总量预测模型，对中国2010—2050年的碳排放总量进行预测。本章主要结论如下：

第一，考虑能源消费结构因素和经济结构因素的LMDI Ⅰ加法形式进行因素分解，发现驱动中国碳排放总量增加的因素包括经济水平效应和人口规模效应（即正效应因素），而排放强度效应则是驱动碳排放总量减少的因素（即负效应因素），经济结构效应和能源消费结构效应则在考察期前段正负作用方向不明显，而在考察期后端其负效应逐渐显现并稳定。总体上说，若将2000—2012年的样本区间分为两个阶段：2000—2006年和2006—2012年，能源结构效应在第一阶段导致二氧化碳增排2 759.15万吨，第二阶段则导致二氧化碳减排6 643万吨；能源强度效应在第一阶段导致二氧化碳减排114 492.35万吨，后一阶段导致二氧化碳减排达到353 292.92万吨；经济结构效应在前一阶段导致二氧化碳增排22 682.20万吨，后一阶段则导致二氧化碳减排40 770.34万吨；尽管上述三个效应到后一阶段均成为负效应因素，但随着中国经济不断发展以及人口数量由于基数较大导致的中短期增长趋势难以扭转，使得上述三个效应的减排量中短期内无法抵消经济水平和人口规模带来的增排效应，尤其是经济水平带来的增排效应。经济水平效应在两个阶段导致的二氧化碳增排量分别达到334 754.66万吨和594 793.82万吨，而人口规模效应在两个阶段导致的二氧化碳增排量分别为15 612.57万吨和21 147.77万吨。

第二，引入能源消费结构和产业结构并改为包含生活能源消费的人均碳排放 STIRPAT 模型在一阶差分后，根据 Johansen 协整理论，可以构建出协整方程为 $\Delta \ln PC = 1.168\Delta \ln a + 0.844\Delta \ln T + 0.539\Delta \ln Se + \ln\varepsilon$。该方程显示，产业结构系数不显著，不能通过 t 检验，而经济水平、能源强度、能源消费结构均对人均碳排放产生一定程度的影响，其中，经济水平影响最大，弹性系数大于 1。另外，两个因素的弹性系数均小于 1，经济水平弹性系数大于 1，从侧面反映了中国过去粗放型增长的客观事实，而小于 1 的能源强度弹性系数和能源消费结构，表明能源强度下降和能源消费结构优化所带来的减排效应，难以抵消经济增长所带来的增排效应。从中短期看，人均碳排放不断增加的惯性趋势难以改变，能源强度下降潜力越来越小，在保证经济持续稳定的情况下，形成大规模的新能源对化石能源的替代是扭转人均碳排放惯性趋势的为数不多的重要途径之一。

第三，采用情景分析法在合理假设基础上，根据 STIRPAT 模型对中国 2015—2050 年碳排放增量和碳排放总量进行预测，预测结果显示，2015—2035 年，碳排放增量在三种情景下均呈现出递减趋势，但递减的速率较慢，这一期间，经济较高增长情景导致的碳排放增量大于基准情景和较低情景，但下降速率也同样大于基准情景和较低情景，2035—2040 年，三种情景的碳排放增量逐渐相交形成分化，碳排放增量递减速率明显加快，而较高增长情景的碳排放增量下降速率明显高于另外两种情景，但三种情景下直至 2050 年碳排放增量仍然为正数，因此，碳排放总量仍呈现增长趋势，只是增长速率越来越慢而已。到 2050 年前后，三种增长情景下碳排放总量达到 210 亿 ~220 亿吨，约为 2010 年的 2.55 ~2.67 倍，但此时仍未达到环境库兹涅茨曲线的拐点，考虑到此时碳排放增量呈现急剧下降趋势，因而，可以推断，环境库兹涅茨曲线拐点在 2050 年后不久将出现。按照环境库兹涅茨曲线理论，2030 年中国人均 GDP 即可达到发展中国家的环境库兹涅茨曲线拐点值，而预测结果是 2050 年仍然无法达到拐点。中国环境库兹涅茨曲线拐点出现较晚的主要原因包括：人口规模制约、资源禀赋制约、产业结构优化的阈值制约等。

5　减排约束条件下经济增长最优路径

2009年，中国政府在哥本哈根全球气候大会上做出减排承诺：到2020年，中国单位GDP碳排放相比2005年下降40%～45%。中国要屹立于世界民族之林，增强国际影响力，就需要做到一诺千金，在解决全球气候变暖问题上勇于担当应尽的责任，同时，节能减排也是利国利民、利于千秋万代的重大事业。因此，中国不仅是从国际舆论角度还是从国内利益角度，都需要尽心尽力地履行这一承诺。

那么，2020年单位GDP碳排放相比2005年下降40%～45%的承诺履行难度有多大？为履行这一承诺是否需要牺牲必要的经济增长速度呢？根据国际能源署相关数据，2005年，中国单位GDP的CO_2排放量为0.97吨/千美元，按照下降40%～45%计算，那么，到2020年中国单位GDP的CO_2排放量需要控制在0.53～0.58吨/千美元，而2010年，中国单位GDP的CO_2排放量为0.77吨/千美元，5年时间，相比2005年下降了20.62%，按照这样的减排速度，到2020年，中国单位GDP的CO_2排放量约达到0.49吨/千美元，下降百分比可望达到49.48%。当然，考虑到能源强度下降的双曲线特征，2010—2020年减排速度要达到2005—2010年的下降速度显然难度更大，即便如此，在最初5年打下良好基础的情况下，要履行2009年的减排承诺，总体上减排压力不会太大。

然而在减排约束下中国经济的发展一定程度上还是会受到制约，本章将在RICE2010的基础上，构建中国减排约束下的经济发展模型，并利用模型求解减排约束下经济发展的最优路径。

5.1　模型构建与求解

拉姆齐模型引入了家庭消费行为的拉姆齐模型，阐述了动态非货币均衡中消费与资本积累的原理，可以在确定性条件下分析最优经济增长，并推导满足最优经济增长的跨时条件。投资实际上可以视为家庭对即期消费与远期消费的一种选择方式，投资于资本品使得家庭减少了即期消费而增加了远期消费。如果将环境视为一种负的自然资本品，而将享受美好环境视为一项消费，那么，现在过多的温室气体排放会透支未来享受美好环境的权利，未来也不得不投入更多资金治理环境以享受美好环境，而立即减排虽然牺牲了现在的消费，但未来不需要投入资金治理环境而增加未来的消费。将环境视为一种投资品，并纳入生产函数中，结合拉姆齐模型即可用于分析最优经济增长路径。RICE 模型正是基于这一理念，将气候变化问题纳入经济增长理论中。

5.1.1 模型构建

考虑将能源作为一种投入要素加入柯布—道格拉斯生产函数，从而能源成为资本和劳动力之外的第三种投入要素，加入能源并假定资本和能源投入规模报酬不变的柯布—道格拉斯函数可以写为：

$$Y(t) = A(t)K(t)^{\alpha}E(t)^{1-\alpha}L(t)^{\gamma} \quad 0 < \alpha,\gamma < 1 \tag{5.1}$$

其中，$Y(t)$，$K(t)$，$E(t)$，$L(t)$ 分别表示第 t 期的社会总产出、资本、能源与劳动投入，$A(t)$ 表示第 t 期的技术水平，α，$1-\alpha$ 和 γ 分别表示资本、能源和劳动力的产出弹性。定义能源强度为 $\tau = \frac{E}{Y}$，并代入式（5.1），可以将总产出函数写为能源强度的函数式，即：

$$Y(t) = A(t)^{1/\alpha}K(t)\tau(t)^{(1-\alpha)/\alpha}L(t)^{\gamma/\alpha} \quad 0 < \alpha,\gamma < 1 \tag{5.2}$$

证明：将式（5.1）两边同时除以 $Y(t)^{\alpha}Y(t)^{1-\alpha}$，由于 $Y(t)^{\alpha}Y(t)^{1-\alpha} = Y(t)$，可得到

$$\begin{aligned} 1 &= A(t)K(t)^{\alpha}\left(\frac{E(t)}{Y(t)}\right)^{\alpha}\left(\frac{E(t)}{Y(t)}\right)^{1-\alpha}\frac{1}{E(t)^{\alpha}}L(t)^{\gamma} \\ &= A(t)K(t)^{\alpha}\tau(t)^{\alpha}\tau(t)^{1-\alpha}\frac{1}{E(t)^{\alpha}}L(t)^{\gamma} \\ &= A(t)K(t)^{\alpha}\tau(t)\frac{1}{E(t)^{\alpha}}L(t)^{\gamma} \end{aligned}$$

即，$E(t)^{\alpha} = A(t)K(t)^{\alpha}\tau(t)L(t)^{\gamma}$

进而，$E(t) = A(t)^{\frac{1}{\alpha}}K(t)\tau(t)^{\frac{1}{\alpha}}L(t)^{\frac{\gamma}{\alpha}} = \tau Y(t)$，两边同时除以 τ，即可得式（5.2）。

假定社会只存在一种产品，既可用于投资又可用于消费，并将投资分为物质资本投资和研发投资两类，物质资本投资使得下期的资本存量增加并进入下期生产过程中，从而，资本存量计算公式可写为：

$$K(t+1) = (1-\delta)K(t) + i(t+1)Y(t+1) \quad 0 < i < 1 \tag{5.3}$$

其中，δ 为资本折旧率，$i(t)$ 表示第 t 期资本投资占当期总产出的

比重。

能源强度的下降与能源效率的高低密不可分，能效高低则主要取决于节能减排技术水平和产业结构两大因素，鉴于目前产业结构对中国能源强度变化的影响尚未凸显，因此，主要考虑由于节能减排技术水平带来的能源强度的降低，并认为能源强度下降由研发投资占 GDP 比重（研发强度）、知识存量水平（技术水平）、中国与能效较高国家存在的技术差距（技术提升潜力）三个因素共同决定，假定能源强度的动态方程具有柯布—道格拉斯函数形式，并写为：

$$\tau(t+1) = BC_P^{\theta}(t)I_{RD}^{\kappa}(t)G_{\tau}^{\varphi}(t) \tag{5.4}$$

其中，B 为“能效产品”的生产率，$C_P(t)$ 为第 t 期的知识存量水平，$I_{RD}(t)$ 为第 t 期的研发支出占 GDP 的比重，$G_{\tau}(t)$ 为第 t 期中国与能效较高国家的技术差距。θ，κ，φ 分别表示三个“生产要素”的能源强度弹性。

考虑到能源知识存量一方面受研发投资产生新知识的影响，使得能源知识存量增加；另一方面则会受到落后知识、落后技术淘汰的影响，使得知识存量减少，据此参考资本存量公式，可将知识资本累积方程写为：

$$C_P(t+1) = C_p(t)(1-\delta_p) + B_P I_{RD}^{\psi}(t+1)C_P^{\phi}(t) \tag{5.5}$$

其中，δ_P 表示知识折旧率，B_p 为知识生产率，ψ 和 ϕ 分别为研发活动强度与技术水平知识创造的弹性系数。

定义表示技术进步潜力的中国与比较国的能效差距 $G_{\tau}(t)$ 为：

$$G_{\tau}(t) = \frac{\tau(t)}{\hat{\tau}} \tag{5.6}$$

其中，$\tau(t)$ 为第 t 期的能源强度，$\hat{\tau}$为能效较高国家的能源强度。式（5.6）表征的技术差距取值越接近于 1，能效差距对能源强度下降的贡献越小。

根据拉姆齐模型，在离散时间情况下，最优增长是要使得效用函数中社会成员的效用现值之和［见式（5.7）］，在所考虑的时间内达到最大。

$$U = \sum_{t=1}^{t_f-1} \frac{(C(t)/N(t))^{1-\sigma} - 1}{1-\sigma} N(t)(1+\rho)^{1-t} \tag{5.7}$$

其中，$C(t)$，$N(t)$ 分别表示第 t 期的总消费和总人口；σ 为风险厌恶系数，ρ 为时间偏好率；t_f 为所考虑时段的终时时点。定义消费率 $c = C/Y$，则社会效用函数亦可表示为：

$$U = \sum_{t=1}^{t_f-1} \frac{N(t)^{\sigma}(1+\rho)^{1-t}}{1-\sigma}[c(t)^{1-\sigma}Y(t)^{1-\sigma} - N(t)^{1-\sigma}]0 < c < 1 \tag{5.8}$$

此外，总产出中的一部分还将用来支付能源投入成本，假设能源进口综合成本为η，则能源支出占总产出的比重为η_{τ}。因此，消费、资本投资、研发投资以及能源支出应满足如下总量约束：

$$c(t) + i(t) + I_{RD}(t) + \eta_{\tau}(t) \leqslant 1 \tag{5.9}$$

排放强度目标与模型中的能源强度具有如下关系：

$$\omega = \frac{E_{\kappa}}{Y} = \tau\kappa \tag{5.10}$$

其中，ω 为碳排放强度，κ 为反映能源结构演变的综合排放系数：

$$\kappa = \frac{\sum_e E_e \kappa_e}{E} e \in \{coal, oil, gas, nonC\} \tag{5.11}$$

因此排放强度终端目标可以转化为能源强度终端目标。至此，整个终端控制最优化问题模型可以写为：

$$\begin{aligned}
&\max U \\
&\text{s.t. } K(t+1) = (1-\delta)K(t) + i(t+1)Y(t+1)K(0) = K_0 \\
&\qquad \tau(t+1) = BC_P^{\theta}(t)I_{RD}^{\kappa}(t)G_{\tau}^{\varphi}(t) \qquad \tau(0) = \tau_0 \\
&\qquad C_P(t+1) = C_P(t)(1-\delta_P) + B_P I_{RD}^{\psi}(t+1)C_P^{\phi}(t) \quad C_P(0) = C_{P.0}
\end{aligned} \tag{5.12}$$

$$\begin{aligned}
&c(t) + i(t) + I_{RD}(t) + \theta_{\tau}(t) \leqslant 1 \\
&\tau(T) \leqslant (1-b)\tfrac{\kappa_0}{\kappa_T}\tau(0) \\
&i(t) \geqslant 0, c(t) \geqslant 0, I_{RD}(t) \geqslant 0
\end{aligned}$$

其中，$\tau(T) \leqslant (1-b)\frac{\kappa_0}{\kappa_T}\tau(0)$ 为排放强度终端控制约束条件，即承诺的2020年碳减排目标。b 为减排目标期末相对基年排放强度的下降比例，式（5.12）中状态变量为 $K(t)$，$\tau(t)$ 和 $C_P(t)$，控制变量为 $i(t)$ 和 $I_{RD}(t)$。假定经济平稳增长，即消费增长与经济增长同步，不存在消费过剩或不足的情况，则根据关系式 $c = C/Y$，有：

$$g_C = \frac{\dot{c}}{c} = \frac{\dot{C}}{C} = \frac{\dot{Y}}{Y} = g_C - g_Y = 0 \tag{5.13}$$

其中，字母上的点表示该变量对 t 的导数。式（5.13）表明平稳增长

下消费率 c 保持恒定。社会计划者通过调整或控制消费、资本投资与研发投资的路径，使得排放强度指标在终期满足设定目标的同时，使社会成员的效用函数最大化。

5.1.2　模型求解

式（5.12）构建的最优经济增长模型是一个有约束的终端控制问题，其求解方法通常有间接法和直接法两种，由于模型较复杂，间接法求解难度大，因此将最优问题转化为非线性约束优化问题，采用直接法通过序列二次规划算法（SQP）求解。具体求解在 GAMS 环境中实现，通过调用 MINOS，SNOPT，CONOPT 求解器实现，并选择效果最好的求解结果。

5.2　数据来源与参数估计

5.2.1　生产函数参数估计

生产函数中的 GDP、能源强度、人口等指标数据来源于国际能源署或根据国际能源署相关数据计算而得，其中，GDP 以购买力平价折算为美元（基准年：2005 年，单位：10 亿美元），能源强度折算成标准煤/千美元，人口单位为百万人，资本存量数据来源于佩恩表（佩恩表 8.0 版）；样本区间为 1971—2010 年，为求得生产函数各参数值，需要对生产函数式（5.1）进行变换，假设式（5.1）中的 $A(t) = A_0 e^{vt}$，其中，v 表示全要素生产率年增长速度，从而，将式（5.1）变形可得：

$$y = a + vt + \alpha k + \gamma l + \varepsilon \tag{5.14}$$

其中，$y = \ln(Y/E)$，$a = \ln A_0$，$k = \ln(K/E)$，$l = \ln(L)$，利用上述数据进行回归，发现模型拟合非常好，$R^2 = 0.998$，$F = 9\ 806.193$，参数值如表 5.1 所示。

从表 5.1 可以看出，所有回归系数均显著。从而，资本、能源和劳动力的弹性系数分别为 0.927，0.073，0.676，而全要素生产率的年均增长率为 0.009，根据佩恩表 8.0 版提供的全要素生产率，1971 年中国全要素生产率为 0.297 5，2010 年全要素生产率为 0.373 7，可以发现年均增长率与该数据是基本符合的。

表 5.1　生产函数参数拟合结果

待拟合参数	参数值	t 统计量	显著性水平
a	-5.26	-6.133	0.000
v	0.009	2.709	0.018
α	0.927	38.532	0.000
γ	0.676	4.382	0.000

5.2.2　能源强度动态方程参数估计

对能源强度动态方程进行参数估计之前［见式（5.4）］，需要确定一个能效较高的技术学习参照国。图 5.1 显示了美国、日本、德国和中国 1971—2010 年能源强度的变化趋势，从图 5.1 中可以看出，在美国、德国和日本中，20 世纪 90 年代以前，日本的能源强度为三者中最低，20 世纪 90 年代以后，德国的能源强度逐渐低于日本，成为三者中能源效率较高的发达国家，而美国则历年来均是三者之中能源强度最高的。那么，是否在德国和日本之中确定能效学习参考国呢？日本是三者中离中国领土最近的国家，而德国是三者中与中国关系最为融洽的国家，使得技术上学习德国、日本均有一定便利性。但考虑到国家的地理状况、经济规模、经济结构，以及作为碳排放大国的事实，只有美国与中国具有较大的近似度，因此，本书选取美国作为中国能效学习参照国。

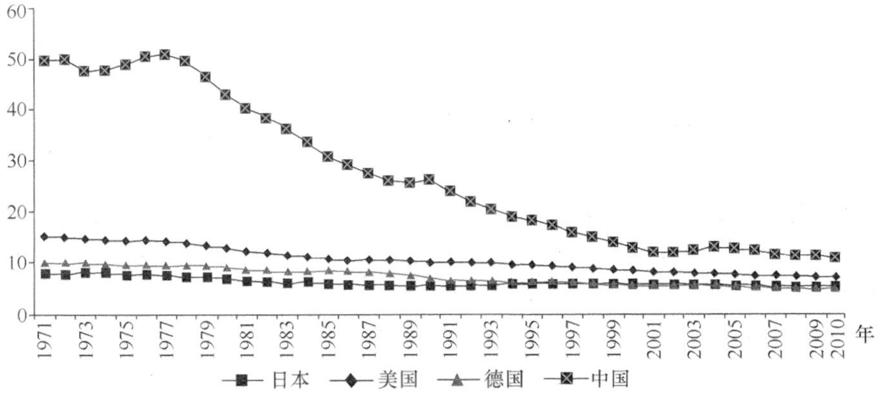

图 5.1　1971—2010 年四国能源强度变化趋势图（吨标准煤/千美元）

能源强度动态方程的参数估计所需要数据分别来源于：能源知识存量水平数据采用永续盘存法计算（知识资本折旧率取5%），新增能源知识采用国家知识产权局公布的能源领域专利数，研发投资占GDP比重数据采用国家统计局公布的研发经费/GDP计算而得，能效差距根据式（5.6）计算，能效学习参照国为美国，所需能源强度数据采用国际能源署2013年公布数据。样本区间为1986—2010年。

对式（5.4）进行对数变换可得

$$\hat{\tau}_{t+1} = b + \theta c_{p,t} + \kappa i_{rd,t} + \varphi g_{\tau,t} + \varepsilon \tag{5.15}$$

其中，$\hat{\tau}_{t+1} = \ln[\tau(t+1)]$，$c_{p,t} = \ln[C_P(t)]$，$i_{rd,t} = \ln[I_{RD}(t)]$，$g_{\tau,t} = \ln[G_\tau(t)]$，$b = \ln B$，$\varepsilon$ 为拟合残差。θ，κ，φ 分别为能源知识存量水平、研发强度、能效差距的弹性系数。

对式（5.15）进行拟合，拟合优度 R^2 达到0.991，拟合方程的F值为811.644，回归方程整体拟合效果较好，各回归系数的拟合结果如表5.2所示。

表5.2　能源强度动态方程参数拟合结果

待拟合参数	参数值	t统计量	显著性水平
b	1.844	8.331	0.000
θ	0.007	2.145	0.048
κ	-0.237	-6.606	0.000
φ	1.345	15.943	0.000

从表5.2可以看出，在5%的显著性水平下，所有回归系数均显著，能源知识存量水平、研发强度、能效差距的弹性系数 θ，κ，φ 分别为0.007，-0.237和1.345，从回归参数的绝对值看，能源知识存量水平弹性系数较小，对能源强度的影响程度不大，这可能与本书选取的指标有一定关系，事实上，能源知识存量水平仅反映了数量特征，未能反映知识的质量特征。能源知识使能源强度降低，可能仅通过少数几个提高能效的专利推广而实现，而与能源有关的专利可能很多并非以提高能效为目的。其次，研发投资强度是负向的，即研发经费占GDP比重增加，会使得能源强度减小，亦即能源效率提高，这是符合经济学意义的。能效差距弹性的绝对值最大，且为正向，即随着中国与美国的能效差距不断缩小，能源强度不断降低，并且能源强度降低的速率要快于能效差距缩小的速率。但是，

从图5.1可以看到，到2010年以后，中国和美国的能效差距缩小空间已经十分有限，2010年，中国能源强度大约为美国能源强度的1.56倍，而1985年该数据为2.78倍。鉴于中国煤炭消费比重远高于美国，因此2010年以后，加大能效产品的研发，自主创新研究能源效率的提高以降低能源强度是中国未来减排的必由之路。

5.2.3 效用函数参数确定

对于效用函数式（5.8）的待估计参数，由于实际中缺乏相应的指标数据可以用于估计风险厌恶系数（σ）以及社会时间偏好率（ρ），因此，本书采用RICE－2010的数据作为参考值，RICE－2010将中国的风险厌恶系数（σ）确定为1.5，风险厌恶系数大于0，为风险规避型，风险厌恶系数小于0，为风险喜好型，由于社会保障体系尚不完善，中国居民更加偏好储蓄，以应对未来的不确定性。RICE－2010将中国社会时间偏好率（ρ）确定为1.5%/年。时间偏好率是在不考虑社会可能获得的资源和机会的条件下，度量后代福利相对于当代福利的参数，以单位时间的百分率表示。时间偏好率越大表示越倾向于当代福利，时间偏好率越小表示更倾向于后代福利，斯特恩报告之所以得出必须立即减排的结论，正是由于其取了一个非常小的时间偏好率。

5.2.4 其他参数确定

除前述的参数以外，求解式（5.12）还需要确定其他参数，这些参数包括：总人口和劳动力相关参数，资本折旧率和能源进口综合成本相关参数。

对于总人口和劳动力，由于模型求解需要预测出预测期总人口和劳动力数据，对于总人口的预测通常的做法是对出生率、死亡率、移民等因素进行预测，预测出生率主要考虑计划生育政策和随人口素质变化居民生育观念的改变等因素；而死亡率预测主要考虑人口结构变化。预测出生率和死亡率，即可得到人口自然增长率，通过人口自然增长率对总人口进行预测。但是也可能出现无法预测的意外因素，比如，自然灾害、战争等。总人口预测通常不考虑这些意外因素。对于劳动力预测涉及劳动参与率指标估计，需要考虑人口年龄结构、人口残障率等因素。对于总人口预测沿用4.3.1的方法对钱吴永等（2008）、门可佩等（2008）对中国未来人口进行预测，权数为门可佩等（0.9），钱吴永等（0.1）。对于劳动参与率参考王金营等（2006）的研究成果，并参考上述因素进行校正。中国 2010—2050 年的总人口和劳动力预测结果如表 5.3 所示。

表 5.3　2010—2050 年总人口和劳动力人口预测结果　　亿人

年份	总人口	劳动力	年份	总人口	劳动力	年份	总人口	劳动力
2010	13.411 7	7.550 8	2024	14.133 4	7.547 2	2038	14.547 1	6.939 0
2011	13.469 6	7.583 4	2025	14.157 2	7.560 0	2039	14.571 6	6.950 7
2012	13.527 7	7.616 1	2026	14.191 4	7.322 7	2040	14.596 2	6.962 4
2013	13.586 0	7.648 9	2027	14.225 6	7.340 4	2041	14.616 8	6.738 4
2014	13.644 6	7.681 9	2028	14.259 8	7.358 1	2042	14.637 5	6.747 9
2015	13.703 5	7.715 0	2029	14.294 2	7.375 8	2043	14.658 2	6.757 4
2016	13.753 7	7.550 8	2030	14.328 7	7.393 6	2044	14.678 9	6.767 0
2017	13.804 2	7.578 5	2031	14.357 6	7.092 6	2045	14.699 6	6.776 5
2018	13.854 9	7.606 3	2032	14.386 5	7.106 9	2046	14.717 0	6.446 1
2019	13.905 8	7.634 3	2033	14.415 6	7.121 3	2047	14.734 5	6.453 7
2020	13.956 8	7.662 3	2034	14.444 6	7.135 7	2048	14.751 9	6.461 4
2021	14.000 4	7.476 2	2035	14.473 8	7.150 0	2049	14.769 4	6.469 0
2022	14.044 6	7.499 8	2036	14.498 2	6.915 6	2050	14.786 9	6.476 7
2023	14.088 9	7.523 5	2037	14.522 6	6.927 3			

从表 5.3 可以看到，到 2040 年左右，中国总人口将进入“微增长”时代，每年新增人口不会超过 200 万人。从简单的推理看，若平均一对夫妇生育两个或两个以下的孩子，那么，国家总人口将呈现稳定甚至下降的趋势。中国自 20 世纪 70 年代末 80 年代初计划生育政策开始取得明显效果，这一时期城镇绝大多数夫妇生育为 1 胎，而农村夫妇多为 2 ~ 3 胎，平均一对夫妇生育在 2 胎左右。在 80 年代之前，一对夫妇平均生育多超过 2 胎，按照中国平均寿命推算，80 年代初期出生的人口，至 2040 年将步入 60 岁高龄，逐渐成为家庭中的老龄一代，而由于计划生育政策对人口出生率的控制，以及随着经济发展和生育观念的改变，人口出生率呈现始终下降的趋势，因此，2040 年前后人口自然增长率将出现负数。人口“微增长”时代的到来是必然趋势，按照这一趋势，中国人口总量峰值不会超过 15 亿人，这与本书的预测结果保持了一致性。部分人口总量预测文献，如钱吴永等（2008）、王铮等（2009）预测的人口总量峰值都超过了 15 亿

人，有点偏高。

由于资本存量的估算对资本折旧率比较敏感，因此，对于资本折旧率参数的确定需要慎重，大多数文献的资本折旧率基于企业会计核算方法采用直线折旧，这实际上不符合永续盘存法的要求，永续盘存法估算公式中应该是重置率而不是折旧率[141]。为此，徐杰等（2010）假定资本效率采取几何递减模式，使得重置率与折旧率相等，且为常数，并计算得到1987—2002 年的折旧率为 8. 84%，比张军等（2004）确定的 9. 6%，以及单豪杰（2008）确定的 10. 96% 都要低[142]。本书参考徐杰的研究结果，将资本折旧率确定为 8. 84%。

由于世界能源变化的复杂性与国家进口能源比例调整的频繁性，对于能源投入单位成本 η 的估计比较困难，朱永彬（2011）根据最优经济增长率与能源强度关系拟合得到的 2001—2005 年能源进口价格近似为 1 122. 3 元/吨油当量。本书参考该结论作为 η 的估计值[143]。

5. 3 计算机仿真模拟结果

将 2009 年中国政府对节能减排做出的承诺作为约束条件，本节根据本章前述模型与相应参数对排放终端控制目标下，中国经济最优增长路径和碳排放趋势进行计算机模拟，模拟的起始点确定为 2010 年，终点为 2020 年，以最低减排目标 40% 为限制，即 2020 年单位 GDP 碳排放相比 2005 年下降 40%，假定 2005—2020 年，经济增长保持均衡平稳态势，即模拟期内消费产出比 c 为常数。

研发投资强度是模型中唯一的可控变量，是政府调控碳排放和经济发展的重要抓手。那么，政府怎样调控研发投资强度可以达到上述减排目标呢？为回答这一问题，首先，看中国自 1985—2010 年研发投资占 GDP 的比重趋势图（见图 5. 2），为确定拟合方程，引入时间趋势项，将 2005 年视为基准年，取值为 1，2005 年往后依次为 1，2，3……并用时间趋势项利用 2005—2012 年数据进行拟合，发现二次曲线对数据拟合较好，依常理，研发投资尽管具有一定自主性，但由于受到经济客观规律和预算制约，研发投资占 GDP 的比重增加到一定程度后是必然会下降的，因此将其做直线拟合不合适（尽管随着取样区间的变化，部分线性模型也能较好拟合）。二次曲线拟合方程拟合优度 $R^2 = 0.982$，$F = 88.343$，无论是回归方程还是回归系数均显著，2005—2012 年回归预测残差的均值为 0. 03，拟合效果较佳。具体回归方程可写为：

$$I(t) = 1.243 + 0.093t - 0.001t^2 \quad (5.16)$$
$$(7.075) \quad (9.216) \quad (-2.813)$$

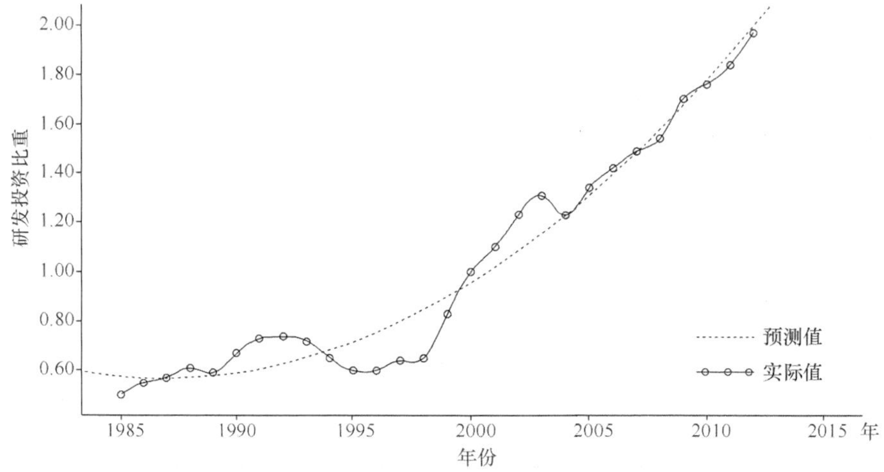

图 5.2 研发投资强度随时间变化趋势图

图 5.3 显示的是"自然"变化趋势，也就是说 2010 年以前，政府没有刻意调控研发投资强度以应对减排形势，按照这一趋势，可以预测 2010—2050 年中国研发投资强度（见图 5.3），该预测到 2020 年研发投资占 GDP 的比重为 2.475%，在研发投资保持"自然"变化趋势序列情况下，模拟可得到 2020 年碳排放强度为 0.596 吨碳/千美元，相比 2005 年的

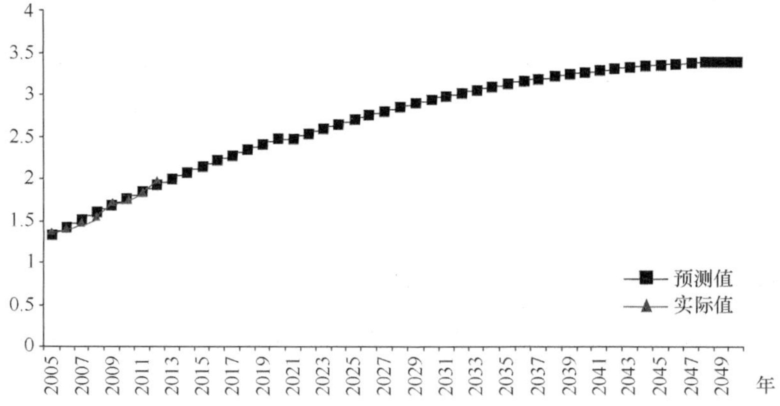

图 5.3 "自然"趋势下 2010—2050 年研发投资强度预测

0.97 吨碳/千美元仅下降了 38.53%，不能兑现承诺，因而需要考虑加强研发投资强度，以推进节能减排技术的快速发展。

“自然”变化趋势下难以兑现承诺的结果在意料之外，按照本章开篇的简单推算，现有趋势下，2020 年实现 2009 年的减排承诺似乎不是难事，然而结果却有一定难度。解释该现象的一个重要原因是随着中国和美国能效差距的不断缩小，进一步缩小能效差距的难度越来越大，能效差距对能源强度的贡献也随之不断降低，而要加大知识存量水平对能源强度贡献的主要途径是增加研发投资比重，即加大研发投资占 GDP 的比重除本身对能源强度降低的直接贡献以外，还会因为研发新成果的出现增加后期的知识存量水平，通过知识存量水平对能源强度降低产生间接贡献。

5.3.1 研发投资路径

考虑到预算约束以及经济发展平衡，考虑三种情景模式，第一种为微加强模式，第二种为中加强模式，第三种为高加强模式，三种模式分别对应的调控是：2012 年后每年研发投资强度增加 0.1%，0.2%，0.3%，如图 5.4 所示（由于研发投资路径自主性较强，为后文需要，将趋势延伸至 2050 年）。

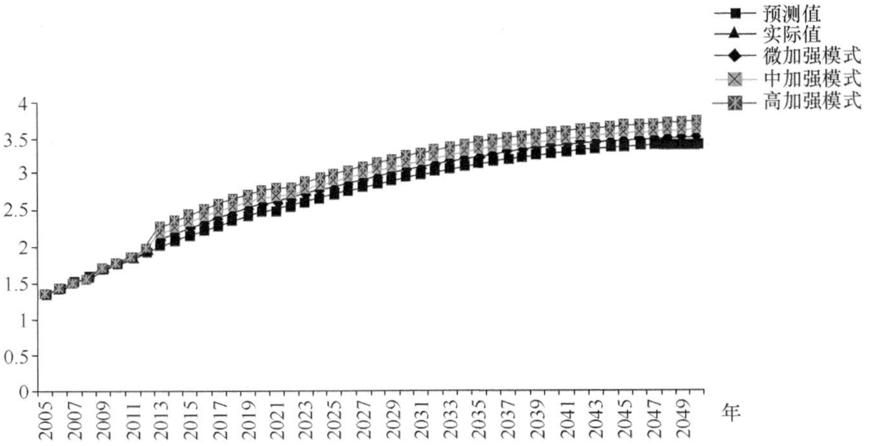

图 5.4 2010—2050 年三种模式下研发投资强度趋势图

在三种模式下，分别模拟三种模式下 2020 年的单位 GDP 碳排放，得到微加强模式、中加强模式和高加强模式下的碳排放强度分别为 0.581 吨碳/千美元，0.528 吨碳/千美元，0.499 吨碳/千美元，相比 2005 年的

0.97 吨碳/千美元分别下降 40.12%，45.54%，48.53%。从模拟结果可以看到，微加强模式即可使 2009 年的承诺在 2020 年得以实现，中加强模式勉强超过承诺减排的上限，高加强模式则可以完全超越承诺上限。这意味着如果中国的减排目标只是为了兑现 2009 年的国际承诺，只需从 2013 年开始，直至 2020 年，每年研发投资占 GDP 比重在原预算基础上增加 0.1% 即可实现。

从经济学角度看，由于研发存在不确定性以及研发成果的推广是一个渐进过程，研发投资对其他经济变量的影响具有明显的滞后性。朱永彬（2011）通过模拟计算发现能源强度约束下，效用函数最大化过程中会出现前轻后重的特征（即前期研发投入较少，临近终期加大研发投资力度，自 2015 年开始将研发投资比重突然提升到 3% 的上限，急促减排以兑现减排承诺的现象）。文中指出：为防止这种现象应尽快提出碳排放总量控制目标，在总量控制下实现经济增长路径最优化。然而，图 5.4 显示的研发投资占 GDP 的比重到 2012 年才达到 1.97%，并自 2005 年以后研发投资强度始终保持线性趋势增长，而 2010 年碳排放强度相比 2005 年已经下降了近 20%，这些数据说明，中国并没有出现这种前轻后重的减排现象。而在 2012 年研发投资强度还不到 2% 的基础上，2015 年突然提升到 3% 的强刺激是否有必要，以及提升到 3% 以后是否会因此导致某些必需投资或消费被挤占，经济系统能否维持平衡状态都是值得商榷的问题。此外，尽管目前发达国家普遍采用碳排放总量控制，但是中国是人口众多的发展中国家，严格控制碳排放总量必然对经济发展造成较大制约，林伯强等（2009）以及本书 STIRPAT 模型对碳排放的预测说明到 2040 年中国碳排放尚无法达到环境库兹涅茨曲线拐点，而在拐点到来之前探讨碳排放总量控制显得为时过早。从人均碳排放来看，2010 年中国人均二氧化碳排放为 5.42 吨/人，远低于西方主要发达国家，也低于世界平均水平。过去 30 年，中国人均碳排放一直呈增长趋势，2050 年以前这一趋势将延续下去，而人口规模直到 2040 年前后才会进入微增长。因此，在 2040 年以前，中国碳排放总量的增长趋势不太可能改变，除非某种新能源技术取得突破性进展，对化石能源形成主导性替代或其他意外因素导致人口增长趋势发生改变，从这一点看，在人口数量进入“微增长”时代之前，探讨碳排放总量控制亦显得操之过急。

5.3.2 经济增长路径

维持消费产出比恒定是经济均衡增长的前提条件，因此，在求解最优经济增长路径之前，需要掌握消费产出比的运行规律以便做出合理的情景假设。从图5.5可以看到，中国消费产出比可以分为三个阶段：1978—2000年，消费产出比在60%～70%，部分年份略低于60%，2000—2006年，随着经济的快速增长，消费略滞后的表现使得消费产出比持续下降，直到2006年，消费产出比下降到50%，2006—2013年，消费产出比在50%左右波动。考虑到中国经济增速的放缓，以及社会保障体制的不断完善，本书认为，消费产出比在2013—2020年将维持在40%～60%。

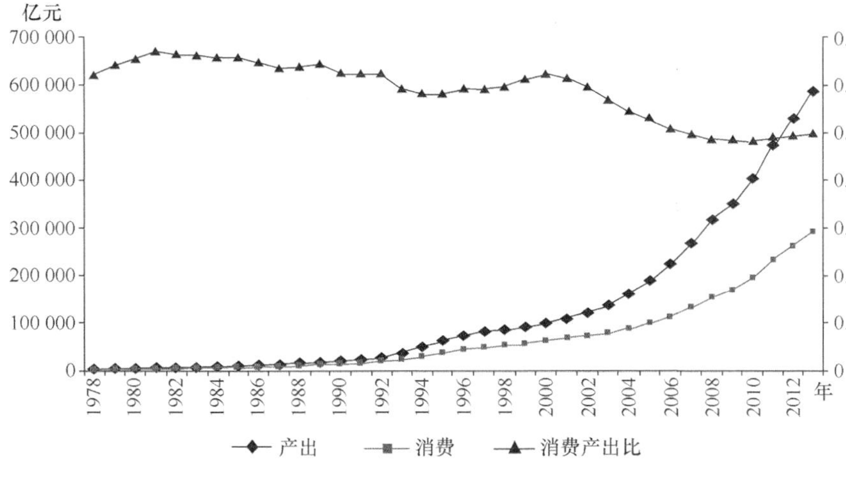

图5.5 1978—2013年消费产出比变化趋势图

为求解式（5.12）的最优经济增长路径，考虑将消费产出比在30%～70%内，每隔一个百分点作为一个情景，共计41个情景，在此条件下求解最优经济增长路径。由于研发投资路径中微加强模式即可兑现2009年的减排承诺，下面仅就微加强模式下，对使得社会成员福利效用最大化的经济增长路径进行分析，模拟得出2010—2020年的年均经济增长率与资本增长率随消费产出比变化的趋势图（见图5.6）。

从图5.6可以看出，经济增长率和资本增长率均会随消费产出比（30%～70%）的增加而降低，但降低的速率越来越慢，这一点不难理解，消费在产出中所占比重越大，用于下期投资的资本就会越少，而资本作为生产的重要要素之一，其减少必将导致经济增长放缓。而降低的速率越来

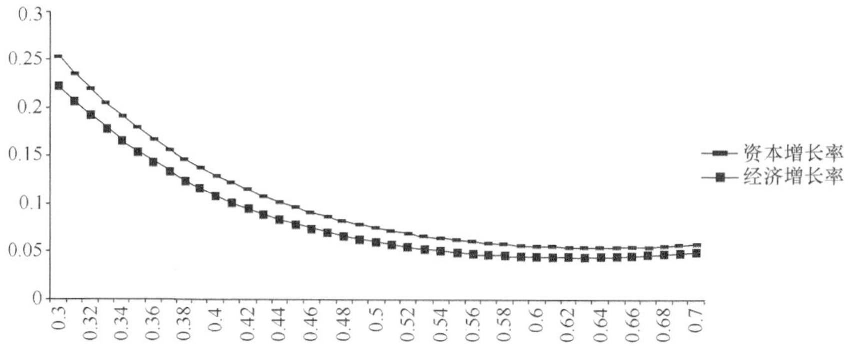

图 5.6　经济增长率与资本增长率随消费产出比变化趋势图

越慢的现象可以理解为资本对经济增长的边际驱动作用递减，这一点不难理解，资本只是生产函数中的要素之一。在整个经济系统中，其他要素若不能配套增长，仅仅降低消费，增加资本并不能使得整个经济系统运行更好，就好像只是加大内存或者只是提高 CPU 主频并不能使计算机运行更快一样。此外，消费作为三驾马车之一，对经济增长具有拉动作用，其拉动经济增长主要是通过资本间接实现的，由于消费能够加快资本周转，从而使得单位时间内可用于实物投资的资本比产出扣减消费后的资本数额多得多。朱永彬（2011）模拟结果显示，当消费产出比高于 67% 时，经济增长将变为负数，经济将出现下滑。本书模拟结果显示，经济增长率在消费产出比的 52% ~54% 内并不会与 X 轴相交，亦即不会出现经济增长率为负数的情况，这主要是由于该文献只考虑了资本的数量，而忽视了消费导致资本使用效率提高的原因。事实上，1978—2000 年，中国部分年份消费产出比均接近于 67%，但这些年份并没有出现经济负增长的现象。此外，图 5.5 中的消费产出比任意点上的资本增长率均高于经济增长率，根据式（5.2）可以得出 $g_Y = \frac{1}{\alpha}g_A + g_K + \frac{1-\alpha}{\alpha}g_\tau + \frac{\gamma}{\alpha}g_L$，由于目前中国 g_A, g_L 均保持正的增长速度，g_τ 为负数，$g_K > g_A$ 表明，$\frac{1}{\alpha}g_A + \frac{1-\alpha}{\alpha}g_\tau + \frac{\gamma}{\alpha}g_L < 0$，即能源强度下降给经济增长带来的负向贡献超过了技术进步和人口增长对经济增长的正向贡献之和，这是中国过去为节能减排在一定程度上牺牲了经济发展的具体体现。

模拟得出了社会成员福利标准化效用随消费产出比变化趋势图（见图 5.7）。图 5.7 中效用以规划期的总消费进行度量，并将得到的效用进行标准化。从图 5.7 中可以看出，社会成员福利效用最大化出现在消费产出比为 52% ~54% 时。在实际中，可能由于各种因素的作用，如经济政策、内外贸易环境、自然灾害等因素变化，都可能使得消费者改变消费策略，从而使得效用最大化目标不能总是完美实现，因此，可以适当考虑效用最大化偏离，标准化效用达到 0.96 以上，即可认为实现了效用最大化，因此确定的效用最大化出现的消费产出比区间扩大为 48% ~58%，而根据国家统计局公布的相关数据，2005—2013 年，中国的消费产出比基本在 48% ~53%，由此可见，2005—2013 年，中国经济基本实现了效用最大化。

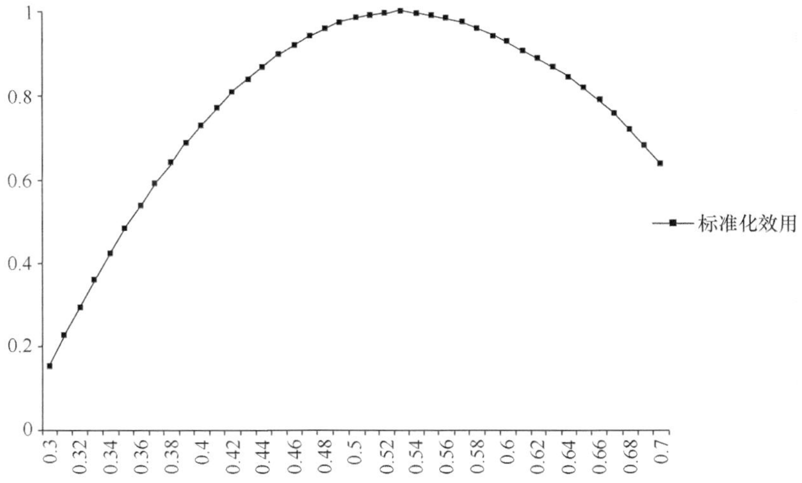

图 5.7 标准化效用随消费产出比变化趋势图

结合图 5.6，可以发现一个与实际不太吻合的现象：效用最大化目标下，消费产出比区间对应的经济增长率在 4.64% ~6.63%，这与实际经济增长率有一些差距，实际经济增长率要明显高于该区间，出现该现象的一个重要原因是中国经济增长中存在生产函数式（5.1）中未能包含的重要外生变量。张尔俊（2014）在研究中国经济增长奇迹中指出，传统生产函数无法解释中国 30 年经济增长奇迹，并提出经济目标吸引力模型，在传统生产模型中加入经济目标吸引力为经济增长加上一个微型“引擎”。但由于经济目标吸引力量化计算缺乏对应数据，因此，只提供了一个五年规划产生的经济目标吸引力最大可达 0.02，若考虑经济目标吸引力的影响，则对应的经济增长率区间可以达到 6.64% ~8.63%，2013 年国家统计局公布的经济增长率为 7.7%，落在此区间内。习近平总书记指出，中国经济进入“新常态”，此区间可以作为“新常态”的一个短期参考。

为模拟出2014—2020年中国的最优经济增长率，需要对消费产出比、经济目标吸引力进行模拟和度量，考虑到近年来消费产出比一直在48%～50%，而消费习惯的形成又具有一定惯性，为此假定消费产出比在2014—2020年服从48%～58%的均匀分布，并产生随机数（每年产生10个随机数），但对不同消费产出比下模拟得到的最优经济增长率进行加权平均，其中，处于48%～50%的消费产出比下的模拟经济增长率取权重为0.7，50%～58%的消费产出比对应的经济增长率取权重为0.3，加权平均后得到不考虑经济目标吸引力的最优经济增长率 $\hat{y}_1$ 。

由于经济目标吸引力大小与目标实现距离的平方成反比，而一个经济目标实现后，政府会制定下一个经济目标，新目标会继续对经济增长产生拉动作用。从长期看，由于连续经济目标对经济的吸引，使得经济目标吸引力随时间发生周期性变化，因此，引入随时间 t 变化的正弦函数度量经济目标吸引力。为了约束经济目标吸引力的阈值，确定经济目标吸引力的函数表达式为：

$$G = 0.02\sin^2(\omega t + \phi) \tag{5.17}$$

其中，G 表示经济目标吸引力，t 表示时间，ω，ϕ 为待估参数，分别与周期和相位有关。从表达式（5.17）可以看出，G 的值域为［0，0.02］，取平方实际上假定了预测期内没有经济目标负向的情况出现。由于中国政府一般制定的都是五年规划，因此将函数的周期确定为5年，而由于对正弦函数取了平方，使得周期缩短一半，正常周期应该是5年的两倍，即10年，而10年正好是一个经济周期。因此，$T = \frac{2\pi}{\omega} = 10$ ，即 $\omega = \frac{\pi}{5}$ ，而参数 ϕ 的确定与相位有关，亦即将哪一年取为基准零年的问题，实际估计参数 ϕ 时采用最小二乘法的原理模拟得出，即模拟一个基准零年序列（只需一个周期即可找到最佳的 ϕ 值），并模拟出各年经济增长率 $\hat{y}_t = (1 + G)\hat{y}_1$ ，令各年实际经济增长率为 y_t ，最小二乘的原理是令预测残差平方和最小化，即

$$\min\{\sum_{t=0}^{n_i-1}(y_t - \hat{y}_t)^2\} \tag{5.18}$$

其中，n_i 为样本量。通过求解式（5.18）可以找到最佳基准零年的估计值。得到最佳基准零年序列为1980年，1989年，1999年，2009年，选其中任意一年作为基准零年均可使式（5.18）达到极小。将消费产出比产

生的随机数加以拟合，结果如图 5.8 所示。

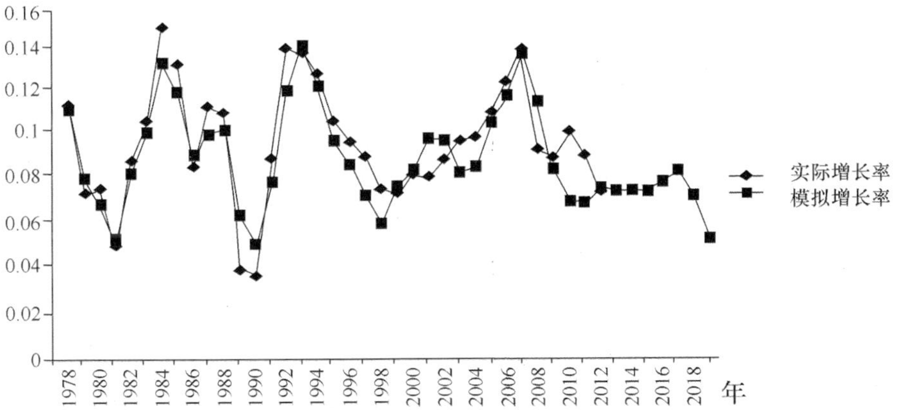

图 5.8　最优经济增长率的趋势模拟与预测

从图 5.8 的拟合效果看，整体拟合效果较佳，但对于部分年份拟合的经济增长率与实际经济增长率有较大差别：

（1）1989—1990 年的实际经济增长率显著低于模拟经济增长率，这主要是由于 1989 年经济增长率异常所致，而模拟中假定不包含此类冲击。

（2）1998 年金融危机前后，中央政府采取一系列经济措施使得经济"软着陆"，此段拟合效果也有一定差距。具体来说，"软着陆"实现了经济平稳降低，而实际低点位置也高于模拟中预期达到的低点位置，确实实现了平稳着陆，但也使得该段经济周期增长，从而期间本应具有的另一个高增长未能预期到来。

（3）2010 年，模拟经济增长率显著低于实际经济增长率，这与中央政府实施的 4 万亿投资计划有关，但利用政策强刺激拉高当年的经济增长率的代价是使得经济中落后产能淘汰未能如期完成，因而延缓了经济低点的到来，但又由于需要更长的时间来实现经济转型，因此将影响下一个增长周期的波峰高度。从图 5.8 的预测结果看，2014—2020 年，中国政府主要任务是在维持相对平稳的经济增长的基础上完成经济转型，2015—2017 年，经济增速可能再出现一个短期峰值，峰值约为 8.5%，而随着经济转型的完成，预期 2018—2019 年，伴随下一个经济增长周期的波谷冲击，将产生中长期的新周期低点，因此，中长期的经济增长率将在 4.5% ~8.5% 呈现周期性波动，这可以作为习近平总书记的"新常态"论断的中长期参考。

5.3.3 碳排放强度路径

在满足碳排放强度减排承诺的同时，求解最优经济增长路径的过程中，碳排放强度主要取决于研发投资强度。为了达到2020年碳排放强度相比2005年下降40%～45%的减排目标，需要在未来增加研发投资在GDP中的比重。具体来说，为达到碳排放强度下降40%的目标，需要进入“微加强模式”，即自2014年研发投资比重在原预算基础上每年增加0.1%。而在最优经济增长路径过程中，考虑福利效用最大化偏离导致的最优增长路径偏离的情况，本书将标准化福利效用达到0.96以上均视为达到福利效用最大化，从而对应的消费产出比区间为48%～58%，与最优经济增长路径相同，考虑到消费产出比近年来的相对稳定性，对在48%～58%的均匀分布产生的随机消费产出比对应的碳排放强度进行加权平均，权数为48%～50%赋权0.7，否则赋权0.3，进而模拟得到“微加强模式”下，碳排放强度变化趋势图（如图5.9）。

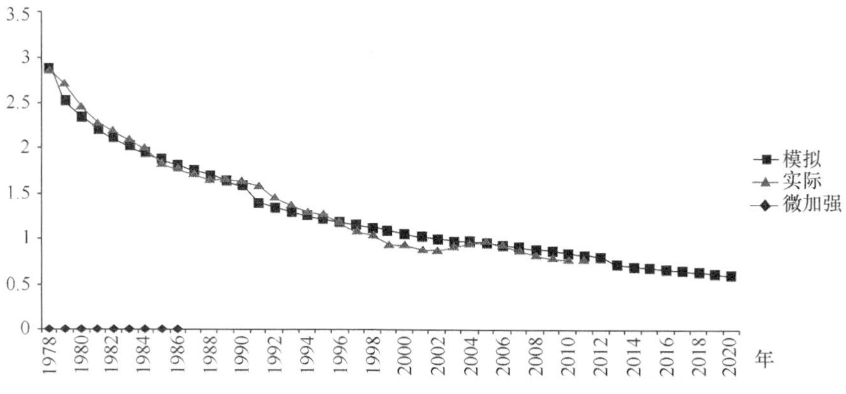

图5.9 碳排放强度模拟值、实际值及微加强模式值（吨 CO_2/千美元）

图5.9显示了碳排放强度的模拟与实际仍有一定差别，最显著的差别是，模拟中，研发投资比重的增加导致模拟的碳排放强度“立即”下降，但是，在实际中，碳排放强度对研发投资比重的加大反应比较“迟缓”，也就是说，实际碳排放强度相对于研发投资比重有一些滞后效应，这一点很好理解，从投入研发到成功研发出新的“能效产品”，以及新的“能效产品”的推广都需要一定的时间，因此，研发投资的比重加大不能立即反

映到碳排放强度的降低上来。而从2012年后，研发投资“微加强模式”使得碳排放强度有所下降，并将2020年碳排放强度值从自然模拟不能达到减排目标，降低到“微加强模式”下可以达到减排目标，兑现2009年中国政府的国际减排承诺。

5.3.4 碳排放总量路径

类似于前面的假设条件，在使得经济增长处于最优路径下，消费产出比所处区间为48%～58%，在该区间上模拟2014—2020年碳排放总量变化趋势，同时，在“微加强模式”下再次模拟，得出2014—2020年“微加强模式”下的碳排放总量变化趋势。考虑到碳排放总量模拟的稳定性较高，因此，图5.10将趋势延伸到2050年，以考察环境库兹涅茨曲线拐点情况。

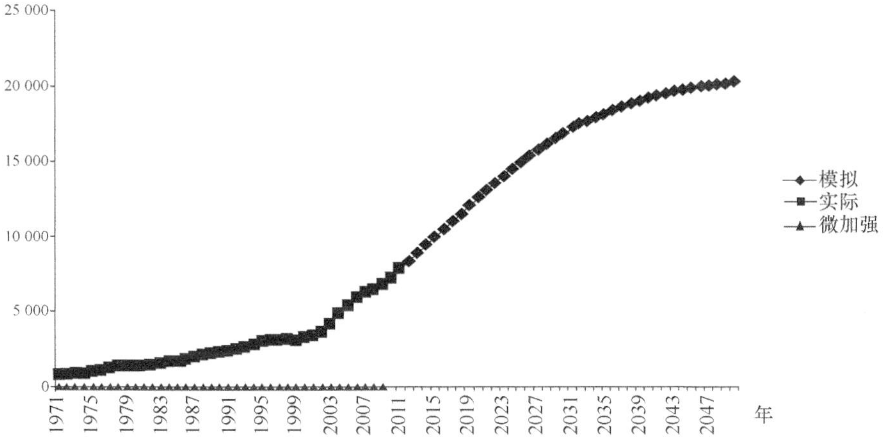

图5.10 碳排放总量模拟值、实际值及微加强模式值（百万吨 CO_2）

从图5.10可以看出，1971—2010年的模拟值和实际值相差甚小，拟合效果非常好，该段区间拟合残差和为－25.46（百万吨），其中绝对残差最大的2006年为－328.79（百万吨），相比当年的实际碳排放总量5 955.24（百万吨）而言，预测误差为－5.5%，相对误差最大的1996年为－7.15%。其余各年的相对误差的绝对值均小于7.15%，由此可见，模拟的稳定性非常高。比较2014—2050年“微加强模式”下的碳排放总量模拟和“自然模式”的碳排放总量模拟可以看到，“微加强模式”下，自2014年以后每一年的碳排放总量都要略低于“自然模式”的碳排放总量。

两种模式下的碳排放总量的趋势是基本相同的，且直到2050年碳排放总量仍然未达到环境库兹涅茨曲线的拐点。而拐点的碳排放总量的峰值约为21亿吨，这与本书采用STIRPAT模型预测的结果基本一致，最优模拟的峰值略低于STIRPAT模型预测的峰值。

5.4 本章小结

以2009年中国政府哥本哈根全球气候大会前做出的减排承诺为约束条件，吸收经济增长理论及气候变化经济学相关理论，构建该约束下经济增长模型，在一定合理假设的基础上，确定相关参数，并利用拉姆齐模型，通过使得社会成员福利效用最大化并融合经济目标吸引力模型，求解经济增长的最优路径；在满足经济增长最优条件下，对研发投资途径、碳排放强度路径、碳排放总量路径进行模拟和求解，得出六点结论。

第一，将能源作为一种投入要素引入柯布—道格拉斯生产函数，并假定资本和能源规模报酬不变，得到包含资本、能源强度、劳动力和技术生产函数，根据资本累积过程引入资本累积动态方程，引入研发投资强度、技术水平、技术提升潜力（能效差距）；根据柯布—道格拉斯生产函数形式确定能源强度动态方程，类似资本累积过程确定知识资本累积方程，并考虑其他相关约束后建立终端控制下最优化模型式（5.12）；采用序列二次规划法（SQP）在GAMS环境中调用MINOS，SNOPT，CONOPT求解器求解并比较选优。

第二，生产函数参数估计采用国际能源署和佩恩表1971—2010年相关数据拟合得到，资本、能源和劳动力的弹性系数分别为0.927，0.073，0.676，全要素生产率年均增长率为0.9%。能源强度动态方程参数估计在选取美国作为能效学习参照国后，根据国家知识产权局、国家统计局、国际能源署公布的1986—2010年相关数据拟合而得，能源知识存量水平、研发强度、能效差距的弹性系数 θ，κ，φ 分别为0.007，-0.237和1.345。效用函数参数采用RICE-2010相关数据，风险厌恶系数（σ）确定为1.5，社会时间偏好率（ρ）确定为1.5%/年。总人口预测采用门可佩和钱昊永的研究结果加权平均而得，劳动力人口采用王金营的研究结果。资本折旧率采用徐杰的研究结果确定为8.84%。能源进口综合成本采用朱永彬的研究结果确定为1 122.3元/吨油当量。

第三，研发投资强度是模型中的唯一可控变量，而且具有一定的自主性。引入时间趋势项对研发投资强度进行模拟，发现研发投资强度随时间呈二次曲线变化趋势，将此趋势作为“自然”变化趋势，模拟得到的2020年碳排放强度不能实现2009年的减排承诺，归其原因是中美能效差距的缩小，使得能效差距对能源强度的贡献不断降低，因此，需要考虑加大研发投资力度，以增加其他因素的贡献度达到兑现减排承诺的目的。为此，考虑预算约束和经济发展平衡，设定“微加强”“中加强”“高加强”，分别对应2013年开始每年研发投资强度增加0.1%，0.2%，0.3%三种模式重新模拟，发现“微加强”模式即可兑现减排承诺，“中加强”模式则可勉强超过承诺减排的上限。碳排放终端控制易导致临近终端急促减排以实现减排目标的现象，分析发现中国并未出现这种情况，而以“微加强”模式实现减排承诺无疑好过“强刺激”。此外，分析认为目前中国仍然不适宜采用碳排放总量控制，至少在环境库兹涅茨曲线拐点到来之前不适宜采用碳排放总量控制。

第四，维持消费产出比恒定是经济均衡增长的前提条件，求解经济增长最优路径时将消费产出比作为情景，并根据1978—2012年消费产出比的变动趋势将消费产出比设定在30%～70%，每隔一个百分点作为一个情景，在“微加强”模式下的41个情景中模拟最优经济增长路径。模拟发现：经济增长率和资本增长率均会随消费产出比（30%～70%）的增加而降低，但降低的速率越来越慢；而社会成员福利效用（标准化）最大化时，消费产出比所处区间为52%～54%，考虑到效用最大化偏离，将标准化效用达到0.96以上认定为达到了效用最大化，此时消费产出比区间扩大为48%～58%，根据实际数据可以判断，2005—2013年，中国经济基本实现效用最大化，即没有脱离最优增长路径。而此时，经济最优增长率与实际增长率并不一致，因此生产函数中引入经济目标吸引力，并重新确定的经济增长率区间为6.64%～8.63%，从而，真实经济增长率落入该区间，并认为此区间可作为经济增长“新常态”的一个短期参考区间。具体模拟时，假定消费产出比在48%～58%均匀分布并产生随机数，并结合实际以及消费黏性对随机数加权校正，经济目标吸引力引入 $G = 0.02\sin^2(\omega t + \phi)$ 进行度量，参数 ω 的估计根据五年规划期确定为 $\omega = \frac{\pi}{5}$，参数 ϕ 的估计实际上与基准零年有关，根据最小二乘原理确定最佳基准零年后模拟得出2020年前各年经济增长率（见图5.8），模拟效果较佳。根据模拟结果，确定4.5%～8.5%的经济增长区间可作为“新常态”的中长期参考。

第五，在经济增长处于最优路径以及研发投资“微加强”的模式下模拟碳排放强度路径（见图5.9）。比较模拟与实际的碳排放强度发现，加强研发投资比重在模拟中会产生立竿见影的效果，而在实际中则会由于“能效产品”的研发与推广需要一定时间而产生滞后效应，并不能马上带来碳排放强度对等幅度的快速降低。

第六，在经济增长最优路径中分别模拟“自然”和“微加强”模式下碳排放总量路径，并考虑到碳排放总量稳定性较高而做了适当的样本区间的延伸。历史数据与模拟数据的模拟误差较小，绝对误差最大的年份为2006年，误差绝对值为-328.79百万吨，相对误差最大的年份为1996年，相对误差为-7.15%。在研发投资“微加强”模式下各年的碳排放总量比自然模式下略低，但两种模式都显示直到2050年，碳排放总量仍然未达到环境库兹涅茨曲线拐点，预测2050年中国碳排放总量约为21亿吨，略低于STIRPAT模型预测的峰值。

6 结论与政策建议

本章根据前面各章节的定性、定量分析结果，进一步提炼出本书的主要结论，并综合本书主要结论结合实际提出针对性建议，以期为中国未来发展中的节能减排、经济增长方面提供一些参考意见。

6.1 主要结论

6.1.1 增长理论的再认识

引入经济目标吸引力的生产函数可以克服西方主流经济增长模型存在的缺陷。引入经济目标吸引力后，政府在经济增长中，并不是无能为力，而是可以通过保持甚至提高其公信力进而通过其树立的经济目标对民众形成吸引力，使得民众更加努力地工作以实现国民经济的加速增长。通过经济目标吸引力模型可以解释的经济现象很多，下面仅列举部分经济现象加以解释。

6.1.1.1 经济拐点和加速现象

以 1978 年中国经济开始腾飞为例，社会各界将中国经济腾飞归结于邓小平倡导的改革开放，然而，为什么改革开放能带来经济的腾飞？通过经济目标吸引力模型分析，本书认为，中国经济腾飞的根本原因并不是改革开放，而是“以经济建设为中心”以及“三步走”战略的确定。一个正向、清晰且被政府高度重视的经济目标，加上打倒“四人帮”后的政府公信力提升，以及公众迫切希望提高生活水平的主观愿望的共同作用，使得经济目标产生较强的吸引力。而改革开放只是达到经济目标的手段，改革是为了更进一步提高公众执行力，破除束缚生产力的陈旧制度，以最大限度发挥人的主观能动性；开放一是为了使得经济目标更加清晰、明确（尽管国家经济目标并不直接作用于民众个人，但民众通过将所能接触到的“优秀者”作为学习对象，进而确定自己的目标）。二是为了让民众更好地学习发达国家民众创造价值的技术、手段和途径。

6.1.1.2 经济周期

经济学界基本达成共识，无论何种体制的国家，都存在经济周期现象。然而，经济周期为什么会存在，主流增长理论无法解释，资本、劳动力数量和质量、技术都不是周期性变化的要素。引入经济目标吸引力后，经济目标吸引力则可能存在周期性变动，其中的一个原因是审美疲劳效应的存在。随着政府换届，使得政府公信力呈现周期性递减的变化趋势，盖洛普对美国各届政府的民意支持率调查显示出这一规律。而在中国，还有另一个原因就是经济目标是五年规划制定的，因此，随着目标实现距离的周期性变化，经济目标吸引力也会呈现周期性变化。

6.1.1.3 贫困陷阱和中等收入陷阱

贫困陷阱的存在，如朝鲜、中世纪庄园、苏克和香槟区市集等，往往具有封闭和平均分配的共同特点，由于“羊群效应”的存在，大部分民众是通过学习周围民众中的优秀者改善自己的经济行为，封闭和平均分配将使得民众中缺乏可供学习的对象，进而民众的经济目标模糊化，甚至处于无目标状态，长期处于无目标状态下使得民众极易进入懒惰路径而产生路径依赖。中等收入陷阱与贫困陷阱稍有区别，中等收入国家通常具有一定开放性，一般也不存在平均分配。中等收入陷阱更多情况是随着经济发展到一定水平后，部分“小富即安”民众的“私人”经济目标得以实现，使得经济目标对其的吸引力削弱或丧失，具体表现是公众追求闲暇时间和轻松收益的愿望越来越迫切，消费产出比较高，由于消费类似于工资，存在黏性，长此以往，这部分公众也容易进入懒惰路径而产生路径依赖。

6.1.1.4 基尼系数过大、资源诅咒和高福利

基尼系数过小（如接近平均分配）使得大部分民众缺乏可学习对象而出现目标吸引力削弱或丧失的情况，在前文贫困陷阱部分有所分析。基尼系数过大，则是表现出贫富两极分化比较严重，这对于贫富两个阶层的民众都不利，富裕阶层容易出现旧目标实现而丧失新目标，贫困阶层则容易出现“永远”难以企及目标而丧失目标，此时，两个阶层的民众都容易进入懒惰路径。资源诅咒国家和高福利国家类似于富裕阶层，同样容易由于旧目标实现而丧失新目标。资源诅咒国家及高福利国家民众目标丧失的一个具体表现是自愿性失业率较高。如果将自愿性失业分为两种，一种是由于丧失新目标而自愿性失业，另一种是由于目标“永远”无法企及而自愿性失业的话，基尼系数较大国家的富裕阶层、资源诅咒国家和高福利国家的富裕阶层无疑是前者，而基尼系数过大国家的贫困阶层无疑是后者。

综上所述，由于审美疲劳存在，政府公信力容易下降，而民众由于经济目标吸引力削弱或丧失容易进入懒惰路径，导致民众执行力难以有效提

升。当越来越多的民众丧失目标、追求闲暇时间，或者由于目标难以企及而试图通过轻松收益一夜暴富时，当越来越多的民众关注如何分得大份蛋糕而不是如何把蛋糕做得更大时，经济增长都将亮起警灯。而政府在经济增长中所需要发挥的关键作用包括：①科学制定经济目标，坚持按劳分配的主体地位做好收入分配工作，确保大部分民众的经济目标存在且在可及范围之内；②维持和提升政府公信力，凝心聚力，最大限度获取民众的理解与支持；③多种途径提升民众执行力，促使大多数民众进入“自我强化”路径，尽量避免民众进入懒惰路径。

6.1.2 主要实证结论

本书对中国碳排放现状，碳排放与能源、经济的关系，影响碳排放的主要因素，碳排放预测，碳排放约束下的中国经济增长、研发投资、碳排放强度和碳排放总量路径进行了大量实证研究，得出 10 点结论。

第一，中国碳排放现状可以概括为：碳排放总量大，增长速度快，排放强度高。碳排放总量大主要是由于人口基数大所致，增长速度快主要是推进工业化进程所需，而排放强度高则是由于资源禀赋的制约以及过去对节能减排工作不够重视。而无论是从人均碳排放角度，还是从碳排放的历史责任角度，中国的碳排放都远低于主要发达国家，因此，中国的碳排放都不应当成为众矢之的。改革开放至今，中国碳排放强度的迅速下降充分说明中国政府和人民在节能减排方面所做出的巨大努力。

第二，在假定人口规模大体不变的情况下，环境库兹涅茨曲线存在的本质是碳排放强度随着减排技术的进步逐渐降低，但降低的速率会先快后慢，即减排技术的边际减排作用递减。实证分析表明，中国碳排放的环境库兹涅茨曲线存在，通过两步聚类后的第三类和第四类省区存在明显的环境库兹涅茨曲线形态；而第一类省区则呈现出线性形态，应当将这部分省区视为重点减排省区，这与碳排放地区分布结果大体一致；第二类省区人均生产单位 GDP 的排放量低于第一类省区，但排放量递增速度较快，属于减排的次重点省区，应促使第二类省区加快经济转型，以避免进入第一类省区经济发展模式。参数回归模型显示，对于第一、第二类省区适合线性模型，而第三、第四类省区适合二次曲线模型，即符合倒“U”型。

第三，通过对 1950—2010 年的碳排放总量数据和人均 GDP 数据采用 D－P 检验发现，人均 GDP 与碳排放总量存在单向非线性格兰杰因果关系，即人均 GDP 是碳排放总量的非线性格兰杰原因，而碳排放总量则不是人均

GDP 的非线性格兰杰原因。换言之，高增长会导致高排放，但高排放未必带来高增长。这说明，现阶段中国的经济发展过程中，环境库兹涅茨曲线的存在具有一定程度的必然性，而环境库兹涅茨曲线脱钩点的存在可能是由于经济发展水平之外的其他因素导致的。

第四，采用能源消费结构因素和经济结构因素的 LMDI Ⅰ 加法形式进行因素分解，发现驱动中国碳排放总量增长的主要正效应因素包括经济水平效应和人口规模效应，而负效应因素则主要是排放强度效应、经济结构效应和能源消费结构效应。在 2000—2006 年正负作用方向不明显，而在 2006—2012 年其负效应逐渐显现并稳定。尽管排放强度效应、经济结构效应和能源消费结构效应在 2006—2012 年均成为负效应因素，但随着中国经济不断发展以及人口数量由于基数较大导致的中短期增长趋势难以扭转，上述三个效应的减排量中短期内无法抵消经济水平和人口规模带来的增排效应，尤其是经济水平带来的增排效应。

第五，引入能源消费结构和产业结构并改为包含生活能源消费的人均碳排放 STIRPAT 模型在一阶差分后平稳，根据 Johansen 协整理论，构建的协整方程为 $\Delta\ln PC = 1.168\Delta\ln A + 0.844\Delta\ln T + 0.539\Delta\ln S_e + \ln\varepsilon$ 。这从侧面反映了中国过去粗放型增长的客观事实，而小于 1 的能源强度弹性系数和能源消费结构则表明能源强度下降和能源消费结构优化所带来的减排效应难以抵消经济增长所带来的增排效应。从中短期看，人均碳排放不断增加的惯性趋势难以改变，在能源强度下降潜力越来越小，保证经济持续稳定的情况下，形成大规模的新能源对化石能源的替代是扭转人均碳排放惯性趋势的为数不多的重要途径之一。

第六，根据 STIRPAT 模型采用情景分析法在合理假设基础上对中国 2015—2050 年碳排放增量和碳排放总量进行预测，预测结果显示 2015—2035 年，碳排放增量在三种情景下均呈现出递减趋势，但递减的速率较慢。这一期间，经济较高增长情景导致的碳排放增量大于基准情景和较低情景，但下降速率也同样大于基准情景和较低情景。2035—2040 年，三种情景的碳排放增量逐渐相交形成分化，碳排放增量递减速率明显加快，而较高增长情景的碳排放增量下降速率明显高于另外两种情景，但三种情景下直至 2050 年碳排放增量仍然为正数，因此，碳排放总量仍呈现增长趋势，只是增长速率越来越慢而已。到 2050 年前后，三种增长情景下碳排放总量达到 210 ~ 220 亿吨，约为 2010 年的 2.55 ~ 2.67 倍，但此时仍未达到环境库兹涅茨曲线拐点。考虑到此时碳排放增量呈现急剧下降趋势，进而推断，环境库兹涅茨曲线拐点在2050后不久将出现。按照环境库兹涅茨曲线理论，2030年中国人均GDP即可达到发展中国家的环境库兹涅茨曲线拐点值，而预测结果是2050年仍然无法达到拐点。中国环境库兹涅茨曲线拐点出现较晚的主要原因包括人口规模制约、资源禀赋制约、产业结构优化的阈值制约等。

第七，研发投资强度是模型中的唯一可控变量，而且具有一定的自主性。引入时间趋势项对研发投资强度进行模拟，发现研发投资强度随时间呈二次曲线变化趋势。将此趋势作为“自然”变化趋势，模拟得到的2020年碳排放强度不能实现2009年的减排承诺，归其原因是中美能效差距的缩小，使得能效差距对能源强度的贡献不断降低。因此，需要考虑加大研发投资力度，以增加其他因素的贡献度，进而达到兑现减排承诺的目的。为此，考虑预算约束和经济发展平衡，设定“微加强”“中加强”“高加强”分别对应2013年开始每年研发投资强度增加0.1%，0.2%，0.3%三种模式重新模拟，发现“微加强”模式即可兑现减排承诺，“中加强”模式则可勉强超过承诺减排的上限。碳排放终端控制易导致临近终端急促减排以实现减排目标的现象，分析发现中国并未出现这种情况，而以“微加强”模式实现减排承诺无疑好过“强刺激”。此外，分析认为，目前中国仍然不适宜采用碳排放总量控制，至少在环境库兹涅茨曲线拐点到来之前不适宜采用碳排放总量控制。

第八，维持消费产出比恒定是经济均衡增长的前提条件，求解经济增长最优路径时将消费产出比作为情景，并根据1978—2012年消费产出比的变动趋势将消费产出比设定在30%～70%，每隔一个百分点作为一个情景，在“微加强”模式下的41个情景中模拟最优经济增长路径。模拟发现：经济增长率和资本增长率均会随消费产出比（30%～70%）的增加而降低，但降低的速率越来越慢；而社会成员福利效用（标准化）最大化时，消费产出比所处区间为52%～54%，考虑到效用最大化偏离，将标准化效用达到0.96以上认定为达到了效用最大化，此时消费产出比区间扩大为48%～58%。根据实际数据可以判断，2005—2013年，中国经济基本实现效用最大化，即没有脱离最优增长路径。而此时，经济最优增长率与实际增长率并不一致，因此生产函数中引入经济目标吸引力，并重新确定的经济增长率区间为6.64%～8.63%，从而，真实经济增长率落入该区间，并认为此区间可作为经济增长“新常态”的一个短期参考区间。具体模拟时，假定消费产出比在48%～58%均匀分布并产生随机数，并结合实际以及消费黏性对随机数加权校正，经济目标吸引力引入 $G = 0.02\sin^2(\omega t + \phi)$ 进行度量，参数 ω 的估计根据五年规划期确定为 $\omega = \frac{\pi}{5}$，参数 ϕ 的估计实际上与基准零年有关，根据最小二乘原理确定最佳基准零年后模拟得出 2020 年前各年经济增长率（见图 5.8），模拟效果较佳。根据模拟结果，确定的 4.5% ~8.5% 的经济增长区间可作为“新常态”的中长期参考。

第九，在经济增长处于最优路径以及研发投资“微加强”的模式下碳排放强度路径（见图 5.9）。比较模拟与实际的碳排放强度发现，加强研发投资比重在模拟中会产生立竿见影的效果，而在实际中则会由于“能效产品”的研发与推广需要一定时间而产生滞后效应，并不能马上带来碳排放强度对等幅度的快速降低。

第十，在经济增长最优路径中分别模拟“自然”和“微加强”模式下模拟碳排放总量路径，并考虑到碳排放总量稳定性较高而做了适当的样本区间的延伸。历史数据与模拟数据的模拟误差较小，绝对误差最大的年份为 2006 年，误差绝对值为 -328.79 百万吨，相对误差最大的年份为 1996 年，相对误差为 -7.15%。在研发投资“微加强”模式下各年的碳排放总量比自然模式下略低，但两种模式都显示直到 2050 年，碳排放总量仍然未达到环境库兹涅茨曲线拐点，预测 2050 年中国碳排放总量约为 21 亿吨，略低于 STIRPAT 模型预测的峰值。

6.2 政策建议

综合本书的分析和结论，中国成为碳排放总量第一大国既是作为资源禀赋受制的人口第一大国经济发展的必由之路，也是以往过于关注经济增长而对环境承载力重视不够所带来的后果。尽管竺可桢的研究结果表明，目前气候变暖问题在人类发展史上不是最严重的；尽管 IPCC 第五次气候评估报告预计，到 2050 年可再生能源的发展可使气候变化问题得到极大缓解，尽管无论从人均碳排放还是碳排放历史责任角度，中国对气候变暖问题所应承担的责任都不及发达国家，尽管 2009 年中国政府的减排承诺并不是强约束条件，我们都需要重视碳排放以及碳排放所带来的气候变暖问题，在环境承受能力达到极限之前未雨绸缪，对我们的生存环境，对我们的子孙后代，对我们的邻居负责，做好节能减排的工作，以最小的环境代价满足能源需求，支撑国民经济发展，支撑人民的幸福生活。

与此同时，中国进入中等收入国家，改革步入“深水区”，部分官员贪腐现象严重，贫富差距不断扩大，社会风气日渐浮躁，对政府公信力和民众执行力都形成极大挑战，经济目标吸引力的削弱，经济增速下滑。上述迹象显示，中国经济有坠入中等收入陷阱的风险。为此，下面从节能减排和经济增长两个方面提出若干建议，以供参考。

6.2.1 节能减排的政策建议

第一，加大研发投资强度，加快低碳能源技术研发。随着中国与发达国家能效差距的不断缩小，依靠“学习”途径提高能源效率的难度越来越大。因此，要进一步提高能源效率，除继续积极引进能源技术外，还需要立足于自主创新，整合提高能效的知识和技术、能效产品、能源领域专业人才，加大研发投资力度，加速发展风能、太阳能、生物质能等可再生能源，加快研究和开发清洁煤、碳捕获和碳封存技术，对可再生能源领域的企业给予一定的政策倾斜，以实现低碳能源技术的新突破，有效降低能源强度。

第二，优化能源消费结构，提高两个替代率。能源消费中化石能源消费比重是导致碳排放的直接原因，在能源需求总量不变的前提下，非化石能源对化石能源的替代率越高，碳排放总量就越低。而各类化石能源燃烧后产生的热量不同，导致其排放系数不同，低排放系数能源对高排放系数能源的替代率越高，碳排放总量就越低。因此，优化能源消费结构、提高非化石能源对化石能源的替代率，以及低排放系数能源对高排放系数能源的替代率，是有效降低碳排放的另一有效途径。

第三，加快产业结构调整，重点控制高污染、高排放产业增长。第二产业比重对于碳排放有较大影响，其中主要的高污染和高排放行业都集中在第二产业，除能源加工转化行业外还包括黑色金属冶炼及压延加工业、非金属矿物制品业、化学原料及化学制品制造业等，对于非能源加工转换的高污染、高排放企业，要控制其增长速度，最大限度地减少重复建设，适当限制高排放产品的出口比例，积极推动能源强度较低的有增长潜力的第三产业发展。

第四，改进地方政府政绩考核制度，将碳排放相关指标纳入政绩考核中。地方政府作为连接中央政府和民众的桥梁，其履职、行政、服务的行为受政绩考核制度影响较大。以往过于注重 GDP 的地方政府政绩考核制度，使地方政府未能对环境承载力引起足够重视，对地方政府政绩的考核要纳入碳排放相关指标，如能源强度、能源结构相关的两个替代率等相关指标，以督促地方政府对“三高”企业加强控制和管理。

第五，积极宣传低碳生活，树立居民节能减排意识。随着生活能源消费比重的不断提高，居民生活中产生的碳排放量在碳排放总量中变得举足轻重。积极宣传低碳生活理念，树立居民节能减排意识；普及低碳生活常识，正确引导居民消费行为；在国内形成以节能减排为荣的良好社会风气，并不断巩固，直至节能减排成为居民的一种生活习惯。

6.2.2　经济增长的政策建议

在西方主流经济增长理论中，政府在市场失灵时通过财政政策或货币政策调节经济的短期波动，而对于长期经济增长，政府是无能为力的。引入经济目标吸引力模型后，犹如给经济增长这辆“汽车”加上了一个微型“引擎”，政府可以通过经济目标吸引力这一微型“引擎”对长期经济增长施加一定的影响。换言之，要使经济运行快速稳定运行的关键是如何使得微型“引擎”产生持续不断的动力。在自然状态下，影响经济目标吸引力的政府公信力会由于公众的“审美疲劳”而效应下降，而公众执行力则容易进入“懒惰路径”，故有“打江山容易，坐江山难”之说，以及历朝历代的盛衰规律。提高经济目标吸引力的关键性因素是提高和维持政府公信力，促使更多民众进入“自我强化”路径，以提高民众执行力。换言之，政府在经济发展中的关键性作用是凝心聚力，故有“得民心者得天下，失民心者失天下”的历史规律。为此，结合目前中国的实际提出以下政策建议。

第一，坚决反腐、刹四风，不断提高政府履职、行政和服务的作为能力。打铁还需自身硬，腐败问题和四风问题的重大危害性，在于其不仅直接导致政府职员容易进入“懒惰路径”，而且导致政府履职、行政和服务作为能力停滞甚至下降，导致政府公信力削弱，还会间接影响民众，将这些不正之风“传染”给民众，致使民众进入“懒惰路径”，导致民众执行力下降。因此，必须坚决反腐、刹四风，以多种措施标本兼治地遏制腐败问题和四风问题。

第二，不断创新管理服务模式，最大限度地克服民众“审美疲劳”效应。“审美疲劳”效应虽然只是一种心理因素，但其确实作用于政府公信力，并导致政府公信力下降，政府换届从某种程度上改变了这种随时间推移而下降的趋势，使得政府公信力在其他条件不变的情况下呈现周期性下降的变化趋势。事实上，一成不变的事物总会带给民众以“审美疲劳”，而任何“新鲜”事物都能一定程度上克服“审美疲劳”。因此，要不断创新管理服务模式，只要不是明显倒退或被实践证明为错误的模式均可大胆尝试，放权地方政府实施特色化管理服务模式，并结合实践定期开展民意调查以客观反映政府公信力变动。

第三，坚持按劳分配的主体地位，做好收入分配工作，形成良好的激励机制。按劳分配是社会主义社会的根本分配制度。按劳分配包括按照抽象劳动量和劳动成果进行分配，按照抽象劳动量分配可以充分调动劳动者的工作热情，按照劳动成果分配可以提升公众操作能力，两者都能有效提升公众执行力。收入分配要控制基尼系数的适宜范围，形成良好的目标激励机制，防止两极分化带来的贫困阶层无力实现目标导致的目标丧失和富裕阶层旧目标实现导致的新目标丧失。

第四，加强媒体宣传，持续传播“正能量”，形成积极向上的主流价值观。政府公信力通过公众执行力发挥经济目标吸引力作用，“正能量”和积极向上的主流价值观既可以提高政府职员的履职、行政和服务能力进而提高政府公信力，又可以促使公众进入“自我强化”路径，从而提高公众的执行力。因此，加强媒体宣传，树立勤劳踏实、艰苦奋斗的致富典型，弱化一夜暴富的投机宣传，避免公众因过于依赖投机致富进入“懒惰路径”。

第五，完善教育体系，加强职业教育，不断提高公众完成预定目标的操作能力。目前教育体系偏重于普通教育，而职业教育发展不太理想的局面使得公众整体完成预定目标的操作能力较弱。加强职业教育，注重培养学生实际操作技能和解决问题的能力，有利于全方位满足社会经济发展的各种人才需求。

第六，科学制定经济规划与经济目标，适时重塑经济建设的中心地位。经济目标的正向、清晰以及被重视程度，经济目标与现实的距离远近是影响经济目标吸引力的另外两个因素。科学制定经济目标，区分清楚正向、负向和中性指标，做到长期目标、中期目标和短期目标相结合，控制目标与现实距离具有正向吸引作用又在努力可及范围之内。解决目前存在的贪腐、四风等突出问题后，重塑经济建设的中心地位，充分发挥经济目标吸引力在经济增长中的牵引作用。

参考文献

[1] Gregory C. Chow. Capital Formation and Economic Growth in China [J]. Quarterly Journal of Economics, 1993, 108 (3): 809-842.

[2] 伊拉里奥诺夫·安德烈. 中国“奇迹”的奥秘 [J]. 国外社会科学, 1999 (5): 25-29.

[3] Baizhu Chen, Yi Feng. Determinants of Economic Growth in China: Private Enterprise, Education and Openness [J]. China Economic Review, 2000 (11): 1-15.

[4] 刘国恩. 中国的健康人力资本与收入增长 [J]. 经济学季刊, 2004, 4 (1): 101-118.

[5] Anne Krueger. 中国继续经济奇迹符合世界利益 [N]. 南方周末, 2005-03-04.

[6] Jonathan Anderson. China's True Growth: No Myth Or Miracle [J]. 中国改革论坛, 2006 (6): 79-81.

[7] 周黎安. 中国地方官员的晋升锦标赛模式研究 [J]. 经济研究, 2007 (7): 36-50.

[8] 王铮, 朱永彬, 刘昌新, 等. 最优增长路径下的中国碳排放估计 [J]. 地理学报, 2010 (12): 1559-1168.

[9] Adam Smith. An Inquiry Into the Nature and Causes of the Wealth of Nations [M]. Bantam Classics, 1776.

[10] Thomas Robert Malthus. An Essay On the Principle of Population [M]. Cambridge University Press, 1798.

[11] David Ricardo. On the Principles of Political Economy and Taxation [M]. Batoche Books, 1817.

[12] Mill J S. Principle of Political Economy [M]. Liberty Fund Inc, 1848.

[13] Alfred Marshall. Principles of Economics: An Introductory Volume [M]. Canada: Mcmaster University, 1890: 1-781.

[14] Schumpeter J A. Theorie Der Wirtschaftlichen Entwicklung [M]. Eine Untersuchung über Unternehmergewinn, 1926.

[15] Allyn A Young. Increasing Returns and Economic Progress [J]. The Economic Journal, 1928, 38 (152): 527-542.

[16] Ramsey F P. A Mathematical Theory of Saving [J]. The Economic Journal, 1928, 38 (152): 543-559.

[17] Keynes J M. The General Theory of Employment, Interest and Money [M]. Mac-

millan Publishers Limited, 1937.

[18] Harrod R F. Towards a Dynamic Economics: Some Recent Developments of Economic Theory and Their Application Topolicy [M] . Macmillan Publishers Limited, 1948.

[19] Solow R M. A Contribution to the Theory of Economic Growth [J] . The Quarterly Journal of Economics, 1956, 70 (1): 65 – 94.

[20] Robert M Solow. Technical Change and the Aggregate Production Function [J] . The Review of Economics and Statistics, 1957, 39 (3): 312 – 20.

[21] David Cass. Optimum Growth in an Aggregative Model of Capital Accumulation [J] . The Review of Economic Studies, 1965, 32 (3): 233 – 40.

[22] Paul A Samuelson. An Exact Comsuption-Loan Model of Interest with Or without the Social Contrivance of Money [J] . The Journal of Political Economy, 1958, 66 (6): 467 – 82.

[23] Peter A Diamond. National Delt in a Neeoclassical Growth Model [J] . The American Economic Riview, 1965, 55 (5): 1126 – 50.

[24] David Romer. Advanced Macroeconomics [M] . The McGraw-Hill companies, 2012.

[25] Paul M Romer. Increasing Returns and Long-Run Growth [J] . Journal of Political Economy, 1986, 94 (5): 1002 – 1037.

[26] Paul M Romer. The Origins of Endogenous Growth [J] . The Journal of Economic Perspectives, 1994, 8 (1): 3 – 22.

[27] Robert E Lucas. On the Mechanics of Economic Development [J] . Journal of Monetary Economics, 1988 (22): 3 – 42.

[28] Rorbert J Barro. Determinants of Economic Growth: A Cross-Country Empirical Study [C] . NBER Working Paper , 1996 (5698): 1 – 118.

[29] Bryan D Jones. Public Policies and Economic Growth in the American States [J] . The Journal of Politics, 1990, 52 (1): 219 – 33.

[30] Sergio Rebelo. Long-Run Policy Analysis and Long-Run Growth [J] . The Journal of Political Economy, 1991, 99 (3): 500 – 21.

[31] Paul M Romer. Endogenous Technological Change [J] . Journal of Political Economy, 1990, 98 (5): 71 – 102.

[32] Gene M Grossman, E Helpman. Innovation and Growth in the World Economy [M] . The MIT Press, Cambrige, 1991.

[33] Alwyn Young. Growth without Scale Effects, Journal of Political Economy, 1998, 106 (1): 41 – 63.

[34] Philippe Aghion, Peter Howitt. A Model of Growth through Creative Destruction [C] . NBER Working Paper, 1990 (3223): 1 – 50.

[35] Becker G S, Murphy K M, Glaeser E. Social Markets and the Escalation of Quali-

ty: The World of Veblen Revisited [M] . Harvard University Press, Cambridge, 2000.

[36] Paul S Segerstrom. Endogenous Growth without Scale Effects [C] . The American Economic Review , 1998, 88 (5): 1290 - 1310.

[37] Marios Zachariadis. R&D, Innovation, and Technological Progress: A Test of the Schumpeterian Framework without Scale Effects [C] . Canadian Journal of Economics, 2003, 36 (3): 566 - 686.

[38] Christian Groth, Poul Schou. Can Non-Renewable Resources Alleviate the Knife-Edge Character of Endogenous Growth [C] . Institute of Economics, 2002 (1): 1 - 28.

[39] Lilia Maliar, Serguei Maliar. Endogenous Growth and Endogenous Business Cycles [J] . Macroeconomic Dynamics, 2004, 8 (5): 1 - 23.

[40] Daron Acemoglu, Ufuk Akcigit, Nicholas Bloom, et al. Innovation, Reallocation and Growth [C] . NBER Working Papers, 2013 (18993): 1 - 38.

[41] National Bureav of Economic Research. Rudi Dornbusch. A Primer Emerging Markets Crises [C] . NBER Working Paper, 2001 (8326): 1 - 12.

[42] Jeffrey D Sachs, Andrew M Warner. Natural Resource Abundance and Economic Growth [C] . NBER Working papers, 1995 (5398): 1 - 54.

[43] Jeffrey D Sachs, Andrew M Warner. Natural Resource Abundance and Economic Growth 2 [J] . Harvard University Cambridge MA, 1997.

[44] Jeffrey D Sachs, Andrew M Warner. Natural Resources and Economic Development-the Curse of Natural Resources [J] . European Economic Review, 2001 (45): 827 - 838.

[45] 徐康宁，韩剑．中国区域经济的“资源诅咒”效应：地区差距的另一种解释[J]．经济学家，2005 (6): 97 - 103.

[46] 邵帅，齐中英．资源输出型地区的技术创新与经济增长——对“资源诅咒”现象的解释 [J]．管理科学学报，2009 (6): 23 - 33.

[47] 邵帅，齐中英．西部地区的能源开发与经济增长——基于“资源诅咒”假说的实证分析 [J]．经济研究，2008 (4): 147 - 60.

[48] 方颖，纪衎，赵扬．中国是否存在“资源诅咒” [J]．世界经济，2011 (4): 144 - 160.

[49] Simon Kuznets. Economic Growth and Income Inequality [J] . The American Economic Review, 1955 (34): 1 - 28.

[50] Gene M Grossman, Alan B Krueger. Economic Growth and the Environment [C] . The MIT Press, 1995: 353 - 377.

[51] Gene M Grossman, Alan B Krueger. Environmental Impacts of a North American Free Trade Agreement [C] . NBER Working Papers, 1991 (3914): 1 - 57.

[52] 吴玉萍，董锁成，宋键峰．环境库兹涅茨曲线；经济增长与环境污染计量模型 [J]．地理研究，2002, 21 (2): 239 - 246.

［53］赵细康，李建民，王金营，等．环境库兹涅茨曲线及在中国的检验［J］．南开经济研究，2005（3）：48－54.

［54］包群，彭水军，阳小晓．是否存在环境库兹涅茨倒 U 型曲线——基于六类污染指标的经验研究［J］．上海经济研究，2005（12）：3－13.

［55］杜婷婷，毛锋，罗锐．中国经济增长与 CO_2 排放演化探析［J］．中国人口．资源与环境，2007（2）：94－99.

［56］许广月．碳排放收敛性：理论假说和中国的经验研究［J］．数量经济技术经济研究，2010（9）：31－42.

［57］朱平辉，袁加军，曾五一．中国工业环境库兹涅茨曲线分析——基于空间面板模型的经验研究［J］．中国工业经济，2010（6）：65－74.

［58］苏为华，张崇辉．关于异质性假说的中国 EKC 再检验［J］．统计研究，2011（12）：66－71.

［59］魏一鸣，吴刚，刘兰翠，等．能源—经济—环境复杂系统建模与应用进展［J］．管理学报，2005，2（2）：159－170.

［60］魏一鸣，范英，蔡宪唐，等．人口—资源—环境与经济协调发展的多目标集成模型［J］．系统工程与电子技术，2002，24（8）：1－5.

［61］陈文颖，高鹏飞，何建坤．用 Markal-Macro 模型研究碳减排对中国能源系统的影响［J］．清华大学学报（自然科学版），2004（3）：342－346.

［62］刘兰翠．我国二氧化碳减排问题的政策建模与实证研究［D］．北京：中国科学技术大学博士论文，2006.

［63］张跃军，范英，魏一鸣．基于 Ged_ Garch 模型的中国原油价格波动特征研究［J］．数理统计与管理，2007，26（3）：398－406.

［64］张阿玲，李继峰．构建中国的能源—经济—环境系统评价模型［J］．清华大学学报（自然科学版），2007（9）：1537－40.

［65］曲建升，曾静静，张志强．国际主要温室气体排放数据集比较分析研究［J］．地球科学进展，2008，23（1）：47－55.

［66］赵芳．能源—经济—环境非协调发展原因的经济学解释［J］．中国人口·资源与环境，2008（4）：67－72.

［67］William D Nordhaus. How Fast Should we Graze the Global Commons［J］. The American Economic Review, 1982.

［68］William D Nordhaus. To Slow Or Not to Slow: The Economics of the Greenhouse Effect［J］. The Economic Journal, 1991, 101（407）: 920－937.

［69］William D Nordhaus. Lethal Model 2: The Limits to Growth Revisited［C］. Brookings Papers on Economic Activity, 1992.

［70］Ki-Jun Jeong. Program of the 1991 Far Eastern Meeting of the Econometric Society［J］. Econometrica, 1991, 59（6）: 1811－26.

[71] David I Stern. The Rise and Fall of the Environmental Kuznets Curve [C] . Rensselaer Working Papers in Economics, 2003 (0302): 1 -32.

[72] David I Stern. The Rise and Fall of the Environmental Kuznets Curve [J] . World Development, 2004, 32 (8): 1419 -1439.

[73] Martin L Weitzman. A Review of the Stern Review On the Economics of Climate Change [J] . Journal of Economic Literature, 2007, XLV (9): 703 -24.

[74] William D. Nordhaus, Accompanying Notes and Documentation on Development of Dice -2007 Model [M] . Yale University Press, 2007.

[75] William D. Nordhaus. A Question of Balance: Weighing the Options on Global Warming Policies [M] . Yale University Press, 2008.

[76] William D Nordhaus. Economic Aspects of Global Warming in a Post-Copenhagen Environment [J] . Economic Science, 2010.

[77] William D Nordhaus. Designing a Friendly Space for Technological Change to Slow Global Warming [J] . Energy Economics, 2011 (33): 665 -673.

[78] Partha Dasgupta. Discounting Climate change [J] . J Risk Uncertainy, 2008.

[79] Martin L Weitman. Fat - eailed Uncertainty in the Economics of Catastrophic Climate change [J]. Symposium, 2009 (275 -292) .

[80] Gollier C. Debating about the Discount Rate: The Basic Economic Ingredient [J]. Perspektiven der Wirtschafespolitik, 2010 (11), 38 -55.

[81] 竺可桢．中国近五千年来气候变迁的初步研究 [J] ．中国科学，1973 (2) .

[82] 何建坤，吕应运．全球气候变化应变战略研究 [M] ．北京，清华大学出版社，1997.

[83] 陈文颖，吴宗鑫．气候变化的历史责任与碳排放限额分配 [J] ．中国环境科学，1998，18 (6)：481 -485.

[84] 沈可挺，徐嵩龄，贺菊煌．中国实施CDM项目的CO_2减排资源：一种经济—技术—能源—环境条件下CGE模型的评估 [J] ．中国软科学，2002 (7)：109 -114.

[85] 潘家华，孙翠华，邹骥，等．减缓气候变化的最新科学认知 [J] ．气候变化研究进展，2007，3 (4)：187 -194.

[86] 吴易风，朱勇．内生增长理论的新发展 [J] ．中国人民大学学报，2000 (5)：25 -32.

[87] Douglass North. Institutional Change and American Economic Growth: A First Seep Towards a Theory of Institutional Innovation [J] . The Journal of Economic History, 1970 (1), 131 -149.

[88] Inada. Ken - Ichi. On a Two - Sector Model of Economic Growth: Coments and a Generalization [J] . The Rewiew of Economic Studies, 1963, 30 (2): 119 -127.

[89] Wilfred J Ethier. National and International Returns to Scale in the Modern Theory of International Trade [J]. The American Economic Review, 1982, 72 (3): 389 - 405.

[90] William D. Nordhaus, Rolling the "DICE": An Optimal Transition Path for Controlling Greenhouse Gases [J], Resource and Energy Economics, 1993 (15): 27 - 50.

[91] Alan Manne. A model for evaluating regional and global effects of GHG reduction policies [J]. Energy policy, 1995 (23): 17 - 34.

[92] William D. Nordhaus, Zili Yang. A Regional Dynamic General - Equilibrium Model of Alternative Climate - Change Strategies [J]. American Economic Review, 1996 (4): 741 - 765.

[93] Tol. R. S. J. On the Optimal Control of Carbon Dioxide Emission: An Application of FUND [J]. Enviromental and Resources Economics, 1997 (5): 353 - 374.

[94] Chris Hope. The Marginal Impact of CO_2 from PAGE 2002: An Integrated Assessment Model Incorporating the IPCC's Five Reasons for Concern Integrated Assessment [J]. The Integrated Assessment Journal, 2006, 6 (1): 19 - 56.

[95] 李海涛. 基于 RICE 模型的全球 CO_2 减排政策的模拟研究 [D]. 南京: 南京信息工程大学硕士学位论文, 2010.

[96] 曲建升, 曾静静, 张志强. 国际主要温室气体排放数据集比较分析研究 [J]. 地球科学进展. 2008, 23 (1): 47 - 55.

[97] 王铮, 朱永彬. 我国各省区碳排放量状况及减排对策研究 [J]. 中科院院刊, 2008, 23 (2): 109 - 115.

[98] 刘秀丽, 杨翠红, 汪寿阳. 实施建筑节能标准的宏观经济和环境影响测算模型研究 [J]. 中国管理科学, 2012 (1): 152 - 160.

[99] 韩玉军, 陆旸. 经济增长与环境的关系——基于对 CO_2 环境库兹涅茨曲线的实证研究 [J]. 经济理论与经济管理, 2009 (3): 5 - 11.

[100] 张晓. 中国环境政策的总体评价 [J]. 中国社会科学, 1999 (3): 88 - 99.

[101] Brock W A, Baek E G. Some Theory of Statistical Inference for Nonlinear Science [J]. Review of Economic Studies, 1991, 58 (4): 697 - 716.

[102] Baek E G, Brock W A. A Nonparametric test for independence of a multivariate time series [J]. Statistica Sinica, 1992 (2): 137 - 156.

[103] Hiemstra C, Jones J D. Testing for Linear and Nonlinear Granger Causality in the Stock Price-Volume Relation [J]. The Journal of Finance, 1994, 49 (5): 1639 - 1664.

[104] Diks C, Panchenko V. A New Statistic and Practical Guidelines for Nonparametric Granger Causality Testing [J]. Journal of Economic Dynamics & Control, 2006, 30 (9 - 10): 1647 - 1669.

[105] Diks C, Wolski M. Nonlinear Granger causality: guidelines for multivariate anal-

ysis [J] . Ssrn Electronic Journal, 2007. 1 - 20.

[106] Bekiros S D, Diks C. The nonlinear dynamic relationship of exchange rates: Parametric and nonparametric causality testing [J] . Journal of Macroeconomics, 2008, 30 (4): 1641 - 1650.

[107] Bekiros S D, Diks C. The Relationship between Crude Oil Spot and Futures Prices: Cointegration, Linear and Nonlinear Causality [J] . Energy Economics, 2008, 30 (5): 2673 - 2685.

[108] Casler S D, Rose A. Input-output Structural Decomposition Analysis: A Critical Appraisal [J] . Economic Systems Research, 1996, 8 (01): 33 - 62.

[109] Casler S D, Rose A. Carbon Dioxide Emissions in the U. S. Economy-A Structural Decomposition Analysis [J] . Environmental and Resource Economics, 1998 (11): 349 - 363.

[110] Hoekstra R, Van Den Bergh J C J M. Comparing Structural Decomposition Analysis and Index [J] . Energy Economics, 2003, 25 (1): 39 - 64.

[111] Okushima S, Tamura M. Identifying the Sources of Energy Use Change: Multiple Calibration Decomposition Analysis and Structural Decomposition Analysis [J] . Structural Change and Economic Dynamics, 2011, 22 (4): 313 - 326.

[112] Lin B, Du K. Decomposing energy intensity change: A combination of index decomposition analysis and production-theoretical decomposition analysis [J] . Applied Energy. 2014 (129): 158 - 165.

[113] Park S, Dissmann B, Nam K. A Cross-country Decomposition Analysis of Manufacturing Energy Consumption [J] . Energy, 1993, 18 (8): 843 - 858.

[114] Ang B W, Choi K. Decomposition of Aggregate Energy and Gas Emission Intensities for Industry: A Refined Divisia Index Method [J] . Energy, 1997, 18 (3): 59 - 73.

[115] Ang B W, Zhang F Q, Choi K. Factorizing Changes in Energy and Environmental Indicators Through Decomposition [J] . Energy, 1998, 23 (6): 489 - 495.

[116] Zhang F Q, Ang B W. Methodological Issues in Cross-country: Region Decomposition of Energy and Environment Indicators [J] . Energy Economics, 2001 (23): 179 - 190.

[117] Ang B W, Liu F L, Chew E P. Perfect Decomposition Techniques in Energy and Environmental Analysis [J] . Energy Policy, 2003 (31): 1561 - 1566.

[118] Ang B W. Decomposition Analysis for Policymaking in Energy : Which is the Preferredmethod ? [J] . Energy Policy, 2004 (32): 1131 - 1139.

[119] 徐国泉，刘则渊，姜照华．中国碳排放的因素分解模型及实证分析：1995—2004 [J] ．中国人口．资源与环境，2006 (6)：158 - 161.

[120] 宋德勇，卢忠宝．中国碳排放影响因素分解及其周期性波动研究 [J] ．中

国人口·资源与环境，2009（3）：18－24.

［121］林伯强，蒋竺均．中国二氧化碳的环境库兹涅茨曲线预测及影响因素分析［J］．管理世界，2009（4）：27－36.

［122］朱勤，彭希哲，陆志明，等．中国能源消费碳排放变化的因素分解及实证分析［J］．资源科学，2009（12）：2072－2079.

［123］林伯强，刘希颖．中国城市化阶段的碳排放：影响因素和减排策略［J］．经济研究，2010（8）：66－78.

［124］郭朝先．中国二氧化碳排放增长因素分析——基于SDA分解技术［J］．中国工业经济，2010（12）：47－56.

［125］王锋，吴丽华，杨超．中国经济发展中碳排放增长的驱动因素研究［J］．经济研究，2010（02）：123－136.

［126］Dietz T，Rosa E A. Rethinking the Environmental Impacts of Population，Affluence and Technology［J］. Human Ecology Review，1994，1（2）：277－300.

［127］Dietz T，Rosa E A. Effects of Population and Affluence on CO_2 Emissions［J］. Proceedings of the national academy of sciences of the United States of America，1997，94（1）：175－179.

［128］Ehrlich P R，Holdren J P. Impact of population growth［J］. Science，1971（171）：1212－1217.

［129］Ehrlich P R，Holdren J P. A Bulletin Dialogue on the "closing circle"：Critique：One-dimentional Ecology［J］. Bulletin of the Atomic Scientists，1972，28（5）：16－27.

［130］杨慧．基于Kaya公式的中国碳排放影响因素的分析与预测［D］．广州：暨南大学学位论文，2012.

［131］Waggoner P E，Ausubel J H. A Framework for sustainability science：a renovate IPAT identity［J］. Proceeding of National Academy of Sciences.，1999（12）：7860－7865.

［132］徐中民，程国栋，邱国玉．可持续性评价的ImPACTS等式［J］．地理学报，2005（2）：198－208.

［133］York R. Cross-National Variation in the Size of Passenger Car Fleets：A Study in Environmentally Significant Consumption［J］. Population & Environment，2003，25（2）：119－140.

［134］渠慎宁，郭朝先．基于STIRPAT模型的中国碳排放峰值预测研究［J］．中国人口·资源与环境，2010（12）：10－15.

［135］门可佩，蒋梁瑜，朱鸿婷．2008—2050年中国人口预测研究［A］．江苏省现场统计研究会．江苏省现场统计研究会第11次学术年会论文集［C］．江苏省现场统计研究会，2008：7.

［136］钱吴永，党耀国，徐正栋．中国人口增长与结构的灰色预测［A］．中国高

等科学技术中心．第16届全国灰色系统学术会议论文集［C］．中国高等科学技术中心，2008：12.

［137］李善同，何建成．Sandra Polaski，2006—2020年中国经济前景分析［J］．卡内基基金会系列论文，2007（87）：1－68.

［138］王小鲁，樊纲，刘鹏．中国经济增长转化与增长可持续性［J］．经济研究，2009（1）：4－16.

［139］林伯强，刘希颖．中国城市化阶段的碳排放：影响因素和减排策略［J］．经济研究，2010（8）：66－78.

［140］管卫华，顾朝林，林振山．中国能源消费结构的变动规律研究［J］．自然资源学报，2006（3）：401－407.

［141］单豪杰．中国资本存量K的再估算：1952—2006年［J］．数量经济技术经济研究，2008（10）：17－31.

［142］徐杰，段万春，杨建龙．中国资本存量的重估［J］．统计研究，2010（12）：72－77.

［143］朱永彬．排放控制目标下我国最优经济增长路径：减排路径与碳排放趋势研究及模拟系统开发［D］．上海：华东师范大学学位论文，2011.